全球化下兩岸文創
新趨勢

臺灣的文化競爭力該如何更緊密的凝聚成形？
未來臺灣的文創產業又該在這樣的區域競爭浪潮下何去何從？

須文蔚◎主編

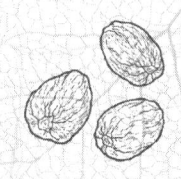

新台灣人文教基金會
New Taiwanese Cultural Foundation

董事長序

　　臺灣的自由民主與多元價值不但蘊育出豐富多變的文化風貌，亦提供豐潤的養分使臺灣文化創意產業得以滋長繁榮。然而，面對全球化開放及兩岸交流互動日益繁頻的趨勢，如何培育維護本土文化並向國際輸出臺灣之文化價值，已逐漸轉變為國家競爭項目中的「文化力」之展現。然而，臺灣的文化競爭力該如何更緊密的凝聚成形？未來臺灣的文創產業又該在這樣的區域競爭浪潮下何去何從？

　　新台灣人文教基金會長年關注臺灣的文創領域，並舉辦各式文化活動，期體現「新臺灣人」之價值，融合舊有文化傳統與新式創意思潮，為臺灣文化發展略盡棉薄之力。正是這樣長期關注臺灣文創產業發展所蘊釀而成之使命感，讓本基金會須文蔚執行長親任召集人，於2014年11月27日舉辦「全球化下華人文創產業的機會與挑戰」論壇，針對臺灣的文化力與文創產業的發展進行交流討論。會中邀請各文化領域中之專家學者，就其專擅領域深入探討「美學藝術」、「美感教育」、「倫理議題」、「科技應用」、「產能加值」、「行銷策略」、「電子商務」、「數位出版」等相關議題，並提出相關建言。基金會彙整這些精闢的意見與建議，出版《全球化下兩岸文創新趨勢》專書。

今謹以此序代表新台灣人文教基金會所有同仁，向所有參與此論壇與在文化創意產業長久努力奉獻心力之專家、學者及工作者們，致上我們最真誠的謝意與敬意。期待本書的付梓能夠提供社會與政府對臺灣文化價值之發展更多不同的思維，收拋磚引玉之效。

新台灣人文教基金會董事長
張珩

主編序：開拓文創新格局 邁向在地全球化

　　進入 1990 年代後，隨著計算機資訊處理技術的快速發展，網路應用科技已然全面介入人類社會生活的各種層面。時至今日，我們可以說，資訊化社會已然全面來臨。1955 年，班雅明（Walter Benjamin）的〈機械複製時代的藝術作品〉開頭即引述梵樂希的觀察，指出新科技與藝術變衍之間的必然關係：

> 科技的驚人成長、業已臻至的適應力與準確度，以及所造就的想法和習性，鐵定給傳統藝術帶來深遠的改變……，物質、時空皆已不同於往昔，我們勢必得預期偉大創新的出現，足以改變整個藝術技巧，並進而影響藝術創造，甚或給藝術觀念帶來蛻變。

　　網際網路的成熟宣告了資訊時代全球化趨勢的來臨。數位時代的新媒介科技在此提供了閱聽人高度個人化、主動選擇性與高互動性的媒介特性，也就是說，新媒介不僅只是科技產品的代名詞，更加是社會文化與媒介技術互動的社會傳播載體。其中所不能忽略的是，人的主體性與參與建構的重要性。如是，在這個由新媒介科技所建構起來的全球社區中，面臨到新形態的文化場域競逐，臺灣的文化創意產業該如何在全球化衝擊中創新變革，作到「思考全球化，行動在地化」的挑戰，的確是一個令人深思的問題。新台灣人文教基金會在此時邀集各領域學有專精的學者專家，以跨越學科鴻溝的角度深入各項文化創意產業相關議題，舉

辦「全球化下華人文創產業的機會與挑戰論壇」，正是正面回應這股浪潮，且欲藉此更進一步開拓文創新格局之舉。

在論壇的第一場次中，黃宗潔副教授〈論當代藝術中動物符號的倫理議題〉由日前來臺展出的《熊貓世界之旅》與《黃色小鴨》為起點，探討當代藝術與動物倫理交涉的可能性；王怡惠助理教授〈臺灣新陶藝美學對文化創業產業的啟發〉藉由器皿美學的甦醒，觀察臺灣創意產業下陶瓷器皿市場的可能性，並進一步思考價值與產值之間的連動關係；林富美教授〈文化＋創意及科技應用下之創新、加值與行銷〉則全面觀察企業面對產業變化，以文化、創意與科技應用變革來開展產業生產鏈與價值鏈，開發「耐久財」的各項關鍵因素；張國治副教授在〈論城市創意生態的形塑──以臺北市為例〉一文中，介紹臺北市在面臨兩岸三地文創競爭力下，在文化創意產業推動中取得的成效。

而在第二場次中，林昭宏副教授以〈展望電子商務 7Cs 顧客介面設計架構，推動臺灣文化創意產業全球在地化〉一文，正式面對文化創意與電子商務間的架構連結，提出情境背景、內容、社群、客製化、溝通、連結、商務等 7 項關鍵因素，為臺灣文創產業與全球接軌的核心；陳昭珍教授則提供圖書館電子書資訊化過程的深刻觀察，為我們開啟一扇非業界不能見的新窗；最後，葉慶元助理教授〈我們需要怎樣的文化創意產業政策？──以媒體產業之事前審查為中心〉由法律面向出發，分析我國文化創意產業的目前處境，提供我們對於未來臺灣文創產業發展的具體建議。

在這本專書中，我們集結了部分論壇的精彩論文，並感謝陳

昭珍教授另提供〈雲端的寶藏——談數位出版及數位閱讀新趨勢〉一文，補強了本書在數位出版方面的討論；也感謝習賢德副教授以及余慧君助理教授，惠賜精闢的論文〈促進兩岸影視產業交流的方向與建議〉、〈藉風土特殊性建置美感教育在地網絡——以花蓮壽豐鄉豐田聚落為例〉兩篇，使我們得以在影視媒介、美感教育於產能加值與應用方面的討論更形完備，也提供了研究者理解兩岸互動架構下，文創產業迎向全球挑戰的新趨勢。

　　本書能夠順利出版，要感謝匿名審查的專家學者群，以及新台灣人文教基金會工作同仁陳儀如小姐、陳柳妃小姐，陳啟民先生的協助，以及華藝學術出版社的大力支持。期待本書作為一個起點，在全球化的世界浪潮中，為開拓臺灣文化創意產業新格局激發更多辯論與創意。

目次

001	論當代藝術中動物符號的倫理議題／黃宗潔
031	展望電子商務 7Cs 顧客介面設計架構，推動臺灣文化創意產業全球在地化／林昭宏
057	臺灣新陶藝美學對文化創業產業的啟發／王怡惠
073	我們需要怎樣的文化創意產業政策？——以媒體產業之事前審查為中心／葉慶元
109	文化＋創意及科技應用下之創新、加值與行銷／林富美
143	論城市創意生態的形塑——以臺北市為例／張國治
157	促進兩岸影視產業交流的方向與建議／習賢德
167	雲端的寶藏——談數位出版及數位閱讀新趨勢／陳昭珍
183	藉風土特殊性建置美感教育在地網絡——以花蓮壽豐鄉豐田聚落為例／余慧君

論當代藝術中動物符號的倫理議題

黃宗潔
國立東華大學華文文學系副教授

摘要

　　動物元素的置入，一直是許多當代藝術家常用的手法，這些作品無論訴說著藝術家對人與自然、科技、環境的想像或好奇，或是意圖透過視覺影像的衝擊重新定義和挑戰藝術的疆界，其間蘊含的複雜訊息都值得注意。本文以曾來臺展出並引發討論的《貓熊世界之旅》和《黃色小鴨》為起點，論述動物形象在藝術作品中被符號化可能產生的效應，再延伸到更具爭議性的，使用活體或死亡動物為素材，如黃永砅、蔡國強與朱駿騰的若干作品進行對話。以動物為素材的作品，究竟是標新立異、譁眾取寵、消費甚至虐待動物，或是反而能帶領觀者參與作品，並打開一扇思考倫理與複雜道德議題的大門？在倫理的議題上，藝術究竟有其豁免權？或是仍有著某種不可逾越的底線？雖然對於當代藝術的想像，必然是流動而無定論的，但也正因如此，任何藝術形式與觀念，都有其他殊途同歸的實踐途徑，本文著力探索與思考的，正是這樣一條倫理與美學並存的路徑。

關鍵詞：當代藝術、動物符號、倫理、霍夫曼、蔡國強

壹、前言

動物元素的使用，在當代藝術中並不罕見，這些作品無論訴說著藝術家對人與自然、科技、環境的想像或好奇，或是意圖透過視覺影像的衝擊重新定義和挑戰藝術的疆界，其間蘊含的複雜訊息都值得注意。無論藝術家自身是否意識到或者刻意為之，符號化的動物都必然涉及人與真實動物、人與自然環境、以及作品本身與周遭環境之互動關係的多重辯證。以 2014 年桃園地景藝術節為例，主辦單位邀請了多位藝術家在舊海軍基地進行創作，其中包括以《黃色小鴨》聞名的霍夫曼（Florentijn Hofman），他以防水紙和保麗龍製作的大型作品《月兔》（Moon Rabbit），再次成為吸引民眾的視覺焦點。然而，此類裝置藝術作品的意義是不能抽離周遭的環境去理解的，若月兔失去了那斜倚的舊機堡，失去了周遭那廣闊的空地，這隻在月光下做著白日夢的兔子，或許就顯現不出那種自在的、攤開手腳看著天空編織夢想的自由的力量。既然「地景藝術」中「藝術」的意義與地景密切相關，就有必要把對於「地景」的關懷納入考量，也因此當桃園地景藝術節的場地本身，因航空城開發案與臨近土地徵收引發爭議時，藝術節遂蒙上「破壞地景」的反諷陰影，其原因就不難理解了（洪致文，2014；蘋果即時，2014）。

另一方面，當作品中的素材來自活體動物，牽涉到的倫理議題又更為複雜。中國知名藝術家蔡國強於 2014 年 8 月在美國科羅拉多州亞斯本美術館（Aspen Art Museum）展出的開館作品《移動的鬼城》（Moving Ghost Town），讓 3 隻蘇卡達象龜各揹兩臺 iPad 在美術館天臺花園漫步，播放附近荒廢城鎮的影片，就引發保育人士的不滿及聯署抗議，認為此舉涉及虐待動物。僅管館方強調象龜是由繁殖場救出，策展過程亦經過獸醫評估，不致造成傷害（李寧怡，

2014），但諸如此類的爭議，卻讓我們必須更慎重地思考下列問題：當代藝術中，以動物為素材的作品，究竟是標新立異、譁眾取寵、消費甚至虐待動物，或是反而能帶領觀者參與作品，並打開一扇思考倫理與複雜道德議題的大門？在倫理的議題上，藝術究竟是有其豁免權？或是仍有著某種不可逾越的底線？

本文將由這樣的思考出發，先就日前來臺灣展出並引發討論的《貓熊世界之旅》和《黃色小鴨》為起點，論述動物形象在藝術作品中被符號化可能產生的效應，再延伸到更具爭議性的，使用活體或死亡動物為素材，如黃永砅、蔡國強與朱駿騰的若干作品進行對話，藉此思考當代藝術與倫理交涉的可能。

貳、保育的可能？從快閃貓熊到黃色小鴨

世界自然基金會（World Wide Fund for Nature, WWF）邀請法國藝術家格蘭金（Paulo Grangeon）創作的貓熊裝置藝術作品，於2014年來臺展出。這個原名 *Pandas on Tour* 的裝置藝術作品，透過1,600隻（目前野生貓熊僅存的數量）紙貓熊在各大城市巡迴展覽，傳遞關懷瀕臨絕種動物的訊息。此次來到臺灣，主辦單位臺北市政府觀光局和左腦創意行銷，邀請臺灣藝術家薄汾萍設計製作了石虎、白海豚、臺灣雲豹、諸羅樹蛙等共10種臺灣特有種的紙雕作品穿插在貓熊當中，在展覽前安排了10場「熊出沒快閃行動」（陳惠惠，2014；新浪休閒，2014）。除此之外，本次貓熊世界之旅最特別之處，當屬200隻臺灣黑熊（同樣是目前野生黑熊的數量）紙雕的置入，期望透過貓熊和黑熊的對話，增加展覽的「在地性」（ETtoday東森旅遊雲，2014；蕃薯藤新聞，2014）。

無論是臺灣特有種生物的置入,或是邀請原作者格蘭金造訪臺北市立動物園,設計「臺灣限定」的黑熊紙雕,都可看出策展單位相當強調此項裝置藝術與「保育」結合的用心。不過,質疑的聲音亦伴隨著貓熊來臺而展開,認為這類作品只是打著保育旗幟,來操作與消費貓熊／黑熊符號罷了。紙貓熊展究竟是否具有保育功能的爭議背後,其實涉及當代對「藝術」內涵理解的兩種價值系統:當藝術作品承載了美學以外的「宣傳」意味時,是否代表著藝術詮釋的開放性將被意識形態稀釋?或是它反而能提升作品的意義與重要性?如同克拉克(Toby Clark)在《藝術與宣傳》一書中所指出的,當代有關藝術與政治的論爭,總是圍繞著若干高度相關的議題:

> 藝術為宣傳之用是否永遠暗示著美學質地對於訊息傳播的屈從?換個角度來說,評斷美學品質的標準能否與意識形態的價值分離?如果宣傳性藝術的目的是為了說服大眾,那麼該如何達成這個目標?並且,又達到了何種程度的成就?(吳霈恩譯,2003:20)。

　　也就是說,藝術是否需要以保育(或任何其他意識形態)之名固然見仁見智,但是當意識形態的宣傳確實被當成其中一個「目標」時(快閃行動強調的正是「保育 × 藝術 × 城市地景」),它如何與是否達成這個預設的期待,就具有討論與思考的空間。

　　不過,目前有關紙貓熊展的相關論述,多半仍集中在克拉克所提出的後兩項議題:「宣傳性藝術如何說服大眾,以及達到了何種程度的成就?」若由這個方向來思考,紙貓熊展得到的評價以負面居多完全不令人意外——論者多半認為被可愛化、商品化的紙貓熊,只是讓觀者帶來愉悅的視覺感受與娛樂效果,「與其說它成功

讓人關注保育類動物,不如說它成為臺北市圓仔文創行銷下另一商品」(唐葆真,2014)——臺北市立動物園自從小貓熊「圓仔」誕生之後,一連串的行銷手法,自然又引發了「貓熊外交」的政治聯想,讓這個展覽多蒙上一層政治色彩(黃建強譯,2011)[1]。除此之外,它更被認為不只無益於實際的保育行動,甚至可能造成某種自欺欺人式的傷害:

> 把熊貓擬像後的結果是,我們在週末排隊入場,換來了真實的快樂,但當告示牌再次提醒野外族群數目只剩 1,600 隻,我們卻無法停止看著牠們的可愛,思考難以面對的真相。畢竟只要轉過身、選擇看向另外一旁,浸潤在販售熊貓圖像的紀念品商店,我們便可以假認消費的一小步,是自然保育的一大步。⋯⋯當動物繼續以娛樂為目的被觀看、收入資本邏輯的運作中,透過商品化的方式被萌化,使得個別物種的真實脈絡得以被切除在外,連同具體的生存危機都將被蒙蔽,終只剩下離消費者過於遙遠的辭彙,例如「瀕臨絕種」(簡維萱,2014)。

---

[1] 事實上,中國大陸長期以來的「貓熊外交」手法,早被關心動物保育的人士所批評,傳統的短期租借形式不只為動物園帶來大量票房收入,中國每借出一對貓熊,亦可得到高額的租借金,雖然中國宣稱這些金額是用在保育工作上,但實際效用則難以評估,將這些脆弱敏感的動物在動物園中搬來搬去,並且無視牠們在野生棲地多半習於獨處,總以成雙成對的方式贈送或租借,都是保育人士批評貓熊外交的原因。雖然傳統的貓熊租借計畫在 1992 年之後告一段落,但貓熊的「贈送」與長期租借仍在持續進行中。夏勒(George B. Schaller)在《最後的貓熊》(張定綺譯〔1994〕,臺北,臺灣:天下文化)一書中,就曾深入地描述了中國的貓熊政治、野生貓熊面臨的困境與貓熊租借計畫背後龐大與複雜的利益糾葛,他指出,養殖應該是最後的出路,真正重要的應該是在動物的棲地為野生貓熊提供可以持續生存的空間。相關討論亦可參見亨利·尼可斯(Herry Nicholls)《來自中國的禮物:大貓熊與人類相遇的一百年》(黃建強譯〔2011〕,臺北,臺灣:八旗文化)。

此處牽涉到兩個相關的議題：商品化與去除對動物真實脈絡的理解，或者說商品化的過程就註定了去脈絡化——商品化往往藉由凸顯動物「可愛化」的面向來刺激消費，但「可愛」的想像不只讓關懷的面向變得狹隘與簡化，還可能造成對動物的誤解——如同亨利‧尼可斯（Herry Nicholls）所提醒的，如果我們不能體認到日常生活中被絨毛玩具、明信片、漫畫卡通所塑造的虛擬貓熊與真實野生貓熊之間的差異，「很可能我們所做的保育工作，會淪為保護虛擬貓熊，而非真正的大貓熊」（黃建強譯，2011：279）。當動物在符號化的過程中被賦予過度單一的形象與想像時，反而可能讓真實動物的處境被「消音」，絕對是不容忽視的問題[2]。

　　但是，在討論所謂的保育「效果」之前，本文想要先回到對作品本身的觀看和思考，亦即，如果先不論作者或是策展單位所宣稱的保育或教育功能，這些動物形象的裝置藝術，被置放在當前的城市空間中，究竟交織出什麼樣的對話或是意義的可能？如同許多戰爭紀念碑的設計者所試圖反抗的，「在一龐大的臺座上矗立著某物、並諄諄教誨人們應該思考什麼的作品」（吳霈恩譯，2003：177）。當藝術作品成為設計者意識形態的獨白，它也就同時減損了「與觀眾互動，並容納各種不同意見」（吳霈恩譯，2003：174）的可能性。本文想要探究的，正是諸如紙貓熊這樣的作品，是否真的只能做為諄諄教誨的獨白式「保育代言人」來理解？它所進行的這場世界巡迴之旅，除了「貓熊瀕臨絕種」這個（眾所周知的）訊息之外，難道再無其他詮釋或理解的可能？因此以下將先試著從作品與空間的互動關係出發，思考其中可能蘊含的訊息。

---

[2]　有關把動物「可愛化」及其可能產生的負面效應，可參見萬宗綸（2014）。〈社運中的貓熊、黑熊與石虎　黃宗潔老師：可愛無罪，但不能只停在可愛〉。取自 http://geog-daily.weebly.com/22320297023554222727--geogforum/3。

研究都會空間藝術的學者卡特琳‧古特（Catherine Grout）曾說：

> 由藝術品所發動的相遇是一種藝術事件，而非一種功能。我們因此可以瞭解，這藝術的相遇所關心的是我們的生存處境。……藝術品不需哄抬它的外在形式來存在，關鍵在於它被理解的狀況、被納入與環境共存的複雜性。其實，在多數狀況下，當代藝術品若無法創造相遇的條件，則稱不上是藝術（姚孟吟譯，2002：16，19）。

對古特而言，藝術的價值來自於創造了人和世界「相遇」的可能性，筆者認為這個概念相當有助於重新理解諸如紙貓熊這類裝置藝術作品，它們的意義與其說來自於策展單位不斷宣示的「某某動物瀕臨絕種」，不如說是透過這些紙貓熊所置身的「環境」而開展。如果將 1,600 隻紙貓熊抽離周遭環境，它自然像是一個蒼白無力且無效的「親善大使」，只能無聲地呼喊著眾人早已知曉的訊息。

然而，若我們重新思考這場貓熊世界之旅的「背景」，就會發現那看似與貓熊格格不入的場景，反而產生了比「保育」更複雜的訊息：「101 與信義計畫區在左右，中正紀念堂在其後，圍住保育項目的熊貓互動藝術展覽的，是經濟發展的陽具崇拜，與舊時威權的象徵符碼」（簡維萱，2014）。這樣的畫面或許令人覺得弔詭，但當代藝術常見的手法之一，正是透過將物件置放在某個看似荒謬、不協調的狀態中，當觀者產生了違和感而「自問它為何會出現在這裡？然後，隨這個簡單問題的推進，我們將會觸及到更根本的問題」（姚孟吟譯，2002：116）。這看似怪異的、突兀的畫面，將成為觸發觀者重新看待與思考人與物件、周遭環境互動關係的起

點。由這個角度來看，在 10 場貓熊快閃活動中，最有趣也最能說明這種「相遇」意義的，當屬其中的「熊出沒兩廳院快閃行動」[3]，當貓熊占據了原本屬於「觀眾」的位置，正襟危坐在音樂廳的畫面引發不安或不愉悅的感受時，這樣的相遇其實已產生了某種顛覆的可能，當我們覺得 1,600 隻貓熊像觀眾一樣坐在音樂廳很奇怪或甚至看起來有點詭異，它就已然鬆動和挑戰了我們所習慣與熟知的世界。它們為何不應該出現在這裡？如果它不應該在這裡，應該在哪裡？或者，真實生活中的「牠」現在在哪裡？這一連串的問題或許不見得每個觀眾都會自問，但卻是藝術品與人相遇、與世界對話的開端。

相較之下，荷蘭藝術家霍夫曼由 2007 年開始巡迴世界各國展出的《黃色小鴨》在臺灣風靡一時，甚至造成各縣市的模仿跟風[4]，雖然周邊行銷其實引發更多爭議：包括攤販在旁販售活體小鴨與民眾拍照，拍後隨手當成垃圾丟棄（中時電子報，2013a）、更有夜市的果汁攤販用活小鴨招攬生意，推出拍照一次 10 元，購買果汁還可免費照相的手法，小鴨瑟縮在攤位上，想要睡覺時還會被抓去沖冷水強迫「清醒」（中時電子報，2013b）。此雖非霍夫曼「原作」直接造成的動物傷害，卻再次提示我們，當代裝置藝術的意義，不只來自於藝術家初始的創作概念、創作過程時的取材來源與手法，更涉及後續展出時，觀者（自然也包含整個展出活動時周邊應運而生的攤販）的參與所構築出的訊息。黃色小鴨這個作品，如果向世

---

[3] 10 個快閃地點分別是：大佳河濱公園、臺北市孔廟、捷運大安森林公園站、剝皮寮、凱達格蘭大道、新生公園、敦化南路林蔭大道、自來水博物館、四四南村與兩廳院。參見展覽說明手冊。

[4] 例如基隆市除了展出小鴨之外，還自行製造了大型金雞、花蓮縣於鯉魚潭放置了巨大化的紅面番鴨，之後甚至展出小鴨兵團，陳列了大大小小約十隻左右的「紅面小鴨」。

界傾訴了什麼，想必不是「請關懷海上漂流物」這樣的主題，相反地，它的話語來自於那些冒著雨、撐著傘、不畏寒流也要去和小鴨合照的人群，是小鴨底下那些如織的遊客，和小鴨共同組合成一幅弔詭的畫面，當小鴨的尺寸以一種大佛的姿態被呈現，那些如同信眾般遠來「朝聖」的遊客，正是「協助」完成作品，不可或缺的一部分。這詭異的「小鴨大神」與渺小群眾相遇的畫面，方是黃色小鴨作品的全景。

諸如黃色小鴨這樣的作品，最常被質疑的大概就是「這算是藝術嗎？」把一個洗澡玩具無限放大，它就變成藝術品了嗎？但這個作品的魅力或者意義究竟何在，或許可以從霍夫曼一系列的巨大化動物作品當中看出一些端倪。事實上，巨大化的動物形象作品一直是霍夫曼的代表作，較知名的至少包括 2003 年的《巨型兔》（*The Giant of Vlaardingen*）、2010 年《胖猴子》（*Macaco Gordo*〔*Fat Monkey*〕）、2011 年《倒臥兔子》（*Stor Gul Kanin*）和 2012 年的《巨大蛞蝓》（*Slow Slugs*）等（郭怡孜，2013）。他認為，尺寸的改變，將重新啟動人看待事物的方式：「你每天都看到它們且通常不會感到驚訝，但是當它們的尺寸被放大，人們對於物件的觀點也改變了」（郭怡孜，2013）。也就是說，意義來自於「觀點」或者說「觀看方式」的改變，如同艾倫・狄波頓（Alain de Botton）和約翰・阿姆斯壯（John Armstrong）引用美國藝術家賈斯培・瓊斯（Jasper Johns）《彩繪銅器》這個作品時所分析的，當這個用銅鑄的啤酒罐被置放在展示廳或照片中，我們就是會比正常情況下更注意這個啤酒罐的形狀和外觀。藝術改變了我們與習以為常事物的距離，它「違逆我們的習慣，……我們之所以對這些事物視而不見，原因是我們認定自己早已對這些東西熟悉到不能再熟悉的地步——但藝術卻藉著凸顯出我們可能忽略的一切，而傲然推翻我們的這種偏見」（陳信

宏譯，2014：59-60）。換言之，尺寸的放大最重要的意義來自於，藝術家讓你無從迴避，用巨大化的作品讓你不得不「看見」，或者可以說，他放大的其實是人與作品「相遇」的機會。當你看見並且與作品相遇，也就是重新思考藝術與人、藝術與環境、藝術與自然、藝術與文明等等複雜交錯關係的起點。

　　有趣的是，霍夫曼對黃色小鴨做了一個饒富哲思的聲明，他表示自己是透過「『挾持』人們所熟悉的公共空間，暫時改造它，讓它變得不一樣。……與其展示膠鴨，他其實是想藉由它的現形，『向世人展示他們所處空間的真正樣貌』——就在他『取走膠鴨』時」（楊慧莉，2013）。原本熟悉或者視而不見的公共空間，因為小鴨的出現而被群眾在意，這樣的空間改造與「挾持」，甚至連帶牽動著那些並不在小鴨巡迴路線的城鎮，花蓮「在地化」的紅面番鴨和紅面小鴨就是最好的例子。粗糙的仿擬背後，是一種「欠缺」——儘管這個欠缺可能是基於觀光收益考量所產生，但番鴨群的出現，無疑仍是一種對公共空間的改造與變化。黃色小鴨的出現擾亂了原有的空間秩序，熟悉的事物與環境被陌生化，從而改變了我們的視覺經驗以及與空間互動的方式。小鴨被投注以擬人化的情感——展出期間新聞媒體和民眾都常以一種對待「真實動物」的描述方式談論小鴨，無論是基隆小鴨在 2013 年 12 月 31 日突然爆裂後，大家對其「死因」的反應、或颱風來臨時形容小鴨消風避難，甚至在高雄展覽結束時，還有數萬名遊客依依不捨地到光榮碼頭為小鴨「送行」[5]。但小鴨不可能永遠都在，當巨大化的黃色小鴨離港之後，我

---

[5]　以上相關新聞甚多，可參閱聯結如下：小鴨爆破參見 ETtoday（2014）。〈查小鴨「爆斃」死因　臺大物理系教授傅昭銘：灌太飽了〉。取自 http://www.ettoday.net/news/20140101/311994.htm；小鴨消氣避颱風參見年代新聞（2013）。〈胖兔來　小鴨怕怕！上岸消風避風頭〉。取自 https://tw.news.yahoo.com/%E8%83%96%E5%85%94%E4%BE%86.%E5%B0%8F%E9%B4%A8%E6%80%95%E6%80%95-%E4%B8%8A%E5%B2%B8%E6%B6%88%E9%A2%A8%E9%81%

們如何看待小鴨離開所產生的「空缺」,才是改變的起點。如果在趕熱潮、拚行銷之外,有更多遊客把這份對小鴨的關注,移轉到原本的公共空間,以及和我們共用環境的那些真實生命的在意,那麼黃色小鴨的離開,就能開展出更多豐富的意義。

不過,圍繞著紙貓熊和黃色小鴨的爭議,主要仍集中在商業行銷與作品理念之間的交互關係(楊慧莉,2013）[6],而這個部分或許並非藝術家和策展人所能控制,前述販售「真實」黃色小鴨的狀況就是一例;但作品本身對真實環境／生命造成的傷害風險卻絕對可以考量。紙貓熊和黃色小鴨畢竟都是人造物,販售活體小鴨乃是周邊行銷管控不當的問題,與作品本身不具直接關係,若作品本身涉及真實動物(包含活體動物與動物屍體)的使用時,問題將會更為複雜。以下將先由曾因使用活體動物遭到撤展的中國大陸藝術家黃永砅所引發的爭議帶入,再由蔡國強及臺灣藝術家朱駿騰等人的作品,與前述格蘭金、霍夫曼以人造物為素材的作品進行對話和討論。

參、倫理的思考:當代藝術中「真實動物」之使用

中國藝術家黃永砅的作品,向來極具爭議性,他以活體生物的置入,增加作品衝突性的方法,常引發關注動物福利者的抗議,其中最知名的就是《世界劇場》(Le Théâtre du Monde)這個作品,原訂 1994 年在法國龐畢度文化中心展出,就因為虐待動物引發的爭

BF%E9%A2%A8%E9%A0%AD-120036123.html;小鴨離開高雄港遊客送行參見葛祐豪(2013)。〈黃色小鴨揮別高雄 26 日游進桃園〉。取自 http://news.ltn.com.tw/news/focus/paper/723655。

6 據說黃色小鴨最初的用意之一,乃是控訴全球暖化、貧富不均與造成此一現象的政商界,但最後小鴨造成的觀光與商業熱潮,似乎與其創作理念背道而馳,成為黃色小鴨被批評的理由之一。

議和訴訟,最後展覽許可被巴黎警察局拒絕,展場只保留了空籠子、抗議書、龐畢度中心的回函和留言本供觀眾表態(漢妮熙,2006:52-54)。《世界劇場》引發的不滿,來自於作者將蛇、蜘蛛、蜥蜴、蠍子、蜈蚣、蟑螂等生物,並置於一個空間中,任其自生自滅。但《世界劇場》並非黃永砯唯一一個使用活體生物的作品,黃永砯自然也並非唯一一個這麼做的藝術家[7],當代藝術中的動物利用,一直是踩在道德的模糊地帶,引來許多正反兩極看法的現象。

漢妮熙(Nathalie Heinich)曾對黃永砯《世界劇場》在法國引發的爭議進行專文討論,有趣的是,該文指出正反兩方的辯論重點,幾乎都聚焦在「道德」與「創作自由」——抗議《世界劇場》展出者,立基於虐待動物的事實,這也是最後巴黎警局拒絕展覽許可的主要依據:展場環境不利所展示的蟲類之需求,且在空間過於有限的狀況下,每種動物無法獲得各自的活動範圍;龐畢度中心的回函,則認為抗議者將動物關懷凌駕藝術自由之上,強調「藝術本無涉道德良知」,雙方所訴求的根本不是同一個價值規範,自然也很難從中協商出共識。但是支持者所提出的準則:「創作自由」以及「以

---

[7] 除了黃永砯之外,美籍藝術家夏瑪・凱薩琳(Chalmers Catherine)也有類似概念的作品,如《食物鏈》(*Food Chain*, 1994-1996)自行繁殖了毛蟲、螳螂、蟾蜍等生物,再以特寫拍下牠們獵食與被獵食的模樣。差別在於夏瑪認為她的作品是為了瞭解「生命在世界其他角落是如何運作的。一開始,想到我要養一堆動物去餵另一堆動物,用這樣的方式來控制繁衍生命,就感到很不妥。可是,只要想想在所有的生態系統中,主要的食物鏈是如何運作的,就會發現這其中仍是有些道理的。……除了那些令人不舒服的訊息之外,我也還企圖迫使觀眾在面對自己眼中這些令人厭惡恐懼的蟲子時,反身自問:對人類而言,這些蟲子是個威脅;那,我們對它們而言,又是什麼呢?」(臺北市政府文化局〔2001〕。《輕且重的震撼:臺北當代藝術館開館展》展覽手冊,頁62)。兩者的差別在於,同樣做為表達概念的手段(不論手段適切性與否),食物鏈對黃永砯而言純然是個隱喻,夏瑪想談的比較接近生命、環境與人的關係。

象徵意義為名證成某行為的恰當性」（漢妮熙，2006：60-61）卻相當值得注意。當使用真實動物進行展出成為當代藝術習以為常的手法時，創作自由及其界線也就成了當代藝術無法迴避的問題。我們該如何看待某些暴力化形式宣稱表現生命的作品？這中間該如何權衡拿捏？創作自由又真能無限上綱嗎？是這些藝術作品共同交織出的，複雜難解的命題。筆者在此並非要以道德的規範直接予以批判，而是希望透過當代藝術中，諸多以不同形式使用動物元素的作品，試圖尋找一個將倫理、道德、美學與意義等規範都置入考量後，詮釋的可能。

雖然中外涉及真實動物（含活體與屍體）使用的藝術作品數量相當龐大，難以一一析論，但動物在這些作品中，多半被視為某種寄託「哲理」或「寓意」的符號則無例外。差別在於，有些作品純粹將動物做為工具性目的使用；有些藝術家則希望藉由動物利用，表達人和動物、環境之間的關係，讓觀者去凝視動物的處境或生命的意義。可以想像的是，當作品直接造成展示動物死亡或傷害時，較容易引發爭議，但許多時候，事物不見得都是它表面上的樣貌，看似不具傷害性的作品，可能在前置或後續處理上影響了整體生態環境——以蔡國強 1994 年在日本水戶當代美術館之作品《放生》為例，該展覽用了 250 隻紅雀，觀眾每花十美金，就可放生一隻鳥，展覽結束後的百餘隻紅雀則以「放生」的形式趕出館外。蔡國強說，這些鳥直到幾週後才慢慢散去，因為館內有吃喝和空調，他並表示此作品是對名為《開放系統》的展覽之反諷（余思穎編，2009：282）。雖然紅雀在館內受到照顧並提供了食物，但放生鳥對環境具有一定影響，無論紅雀是如何取得，將數百隻紅雀直接放生到館外，無論就當地整體生態環境的考量，或個別鳥隻的存活而言，皆不會

是太正面的影響。

　　至於那些宣稱具有凝視生命（或死亡）意味的作品，也未必就具有更豐富的意義。阿洛伊（Giovanni Aloi）就如此批評黃永砅的《世界劇場》：

> 如果藝術之美一部分來自於它有獨特的能力可以用多層次的、有創造力的、原創的方式捕捉許多系統之間的複雜關係，那麼黃永砅的《世界劇場》無疑的既不尊重其中涉及的動物生命，在傳遞複雜的概念上也顯得相對貧乏，而藝術家原本是大可以選擇其他更成熟更有想像力的做法來傳遞這些概念的（Aloi, 2012: 118）。

　　誠然，傳遞理念並不見得需要活體動物，而可以透過其他「更有想像力」的做法。以下將分兩個方向論證這樣的想法。先就活體動物或動物屍體引發爭議的作品切入討論，再以若干模擬動物為元素的作品，思考倫理究竟該如何介入藝術？又如何或是否能夠協商出彼此同意的可能。

一、活體動物在藝術作品中的使用

　　在使用動物做為元素的當代藝術中，最常直接引發爭議甚至衝突的，就是製作或展示過程直接造成動物傷害與死亡，或有明顯暴力意味的作品。前述黃永砅的《世界劇場》即屬之。臺灣藝術家朱駿騰亦曾因《我是小黑》（2012）這個作品引起討論，該作品使用8支喇叭環繞八哥鳥「小黑」，以15秒一次的頻率輪流播放不同語言的「我是小黑」，藉以表達臺灣人的認同問題。展出後部分觀眾

質疑這樣的作品有虐待動物之嫌（ETtoday 東森新聞雲，2013），引發正反兩極的意見。平心而論，《我是小黑》對小黑所造成的聲音或燈光干擾，仍在控制之內[8]，亦未直接造成危及展示動物生命的狀況。對活體動物之展示進行監控並考量展場各項軟硬體可能造成的干擾，是從動物福利的面向進行思考[9]。但更極端的立場則是，從根本上就反對活體動物在藝術中的使用。如同王聖閎所指出的，雖然這樣的態度常被誤解為「極端動物權的伸張」，但真正的重點在於：

> 如果說，生命就是一種沒有終極成果的純粹活動，一種純粹的存有；生命本身就有其豐沛厚度與至高的優位性，那麼，任何希望置入生命、討論生命、指涉生命的藝術創作，都必須思考「如何在不減損與異化的前提下，創造性地表達它」——除非這種減損本身帶有強烈的自反

---

[8] 見洪偉（2013a）於個人部落格發表之〈「我叫小黑」的倫理問題——兼批TVBS 的失格獨家〉一文，請朱駿騰本人對燈光、聲音分貝及小黑飼養方式的說明。取自 https://waynehphilos.wordpress.com/2013/01/10/%E3%80%8C%E6%88%91%E5%8F%AB%E5%B0%8F%E9%BB%91%E3%80%8D%E7%9A%84%E5%80%AB%E7%90%86%E5%95%8F%E9%A1%8C%E2%94%80%E2%94%80%E5%85%BC%E6%89%B9tvbs%E7%9A%84%E4%B8%8D%E5%B0%88%E6%A5%AD%E7%8D%A8%E5%AE%B6/。

[9] 值得肯定的是，更多藝術家開始意識到如果在藝術作品中展示動物時，需將動物福利納入考量，如黃步青《訴說》（2014）這個作品，以臺南撿拾的海廢品拼成男女人形各一，兩者之間以長形網籠放入一對鸚哥鳥象徵愛情絮語，展場內另設置梳妝臺若干，上置豢養單隻鳥的鳥籠，暗示情感的孤寂。以上展品說明參見臺北當代藝術館（2014）。《門外家園：黃步青個展》展覽手冊。展場並特別設置標語：「本館每日兩次更換鳥類飲水及飼料，並請鳥類醫生每週三次關心鳥類健康狀況，請觀眾與我們一同愛護牠們」、「請輕聲細語，勿逗弄、驚嚇鳥兒，感謝您的配合」（以上標語為筆者觀展所見），現場狀況的確飼料飲水皆充足。然而，以成雙成對或形單影隻的鳥來指涉愛情，實為非常直接的手法，活鳥的置入比起使用其他替代方式，或許就一個藝術作品所能蘊含的訊息量而言反倒是更不足的，也就是它缺乏了前述阿洛伊所言的「更成熟更有想像力的做法」。

性（如謝德慶極端非經濟的自我耗損），從而彰顯人決斷自身生命的高度意識（王聖閎，2013）。

在這樣的立論基礎上，他認為展示生命必然意味著生命被工具化，而工具化本身就是一種對生命的減損。當然，就現實層面來看，這樣的聲明可能看似過於理想性，畢竟事實就是仍有這麼多藝術家曾經或正在使用活體動物展示，並主張動物權或動物福利概念的介入都是對藝術自由的干擾或泛道德的論述。但這種極端的反對主張，卻可以讓我們重新反省「活體生命被藝術使用的必然性與必要性」，尤其如前述的，當創作自由或「以象徵意義為名證成某行為的恰當性」被無限上綱時，藝術反倒可能因為失去界線，減損了生命及藝術它自己的重量。

其實在《我是小黑》之前，朱駿騰還有一個甚少被提起的舊作《生命的節奏》（2006），是在影片中用倒帶的手法，把斬殺並將一隻金魚剁成肉泥的過程「還原」為水中的金魚。但這個表面上看似「創造」生命的過程仍不免帶來下列的質疑：「作品是如何表達暴力的？它為暴力的行為下了什麼定義？如果被屠殺的不是一個生命而是其他的東西，它還會使人不安寧嗎？如果影像是在一個漁場或超市裡拍的，那麼它是否能夠表達同樣的暴力與殘酷？還是因為我們對家庭寵物的認識與熟悉使我們會對這樣的行為反感？」（東方視覺，n.d.）。藝評指出這個作品「玩弄著影像的真實性和觀眾長久以來把影像視為事實的習慣，也對這兩者作了不同面向批判與反省」（東方視覺，n.d.）。但批判和反省影像真實性需要以生命為代價嗎？美學是否足以成為絕對的正當性？更奇特的是，無論是黃永砅或朱駿騰的作品，在討論時都罕見支持者「為真正的美學論題、作品的美，提出辯護，也沒有為該作品何以在當代藝術中具有

重要的歷史地位提出解釋」（漢妮熙，2006：60）。也就是說，這些作品的價值多半被置放在哲學而非美學的範疇，如龐畢度中心為黃永砅進行的辯護：

> 黃永砅題名為《世界劇場》的作品，其主旨是從哲學的角度來象徵世界上各種族群之間、文化之間及宗教之間彼此和諧的必要性，……中國藝術家黃永砅所設計的動物園裡面的蟲類，在展出期間需要學習互相包容」（漢妮熙，2006：53）。或是前述洪偉對朱駿騰作品的評論，認為如果把鳥籠象徵為人的不自由，「讓觀眾自己得以成為藝術與實驗的一部分。便可依循上述三種景框的路徑，而展開以下這些由藝術品與其理念、意義所召喚的反思……在這種景框中，觀眾的生命開始得以流進《我叫小黑》的藝術意義裡（洪偉，2013b）。

但是，意義的召喚不必然要透過活體生命的「在場」才能完成──儘管藝術家常以「對人性的思考和反省」做為暴力和極端手法的理由，例如智利裔丹麥藝術家 Marco Evaristti 把活金魚放在插電的果汁機內，挑戰觀眾會否按下開關的 *Helena & El Pescador*（2000）。但如果一切虐待生命的手段都可以被合理化，成為挑戰禁忌的「創舉」，那麼失去了邊界與底線的藝術，也可能喪失它原本可能召喚的省思。

這樣的思考絕非動物保護者一廂情願的想法，而是越來越多藝術家與學者反省的議題。周至禹在討論藝術的禁忌時，對於藝術家在自然環境中殺牛宰羊、虐待動物、甚至吃死嬰等極端的挑戰行為，就相當直接地表達了反對立場：

也許有人會認為，在當代藝術中不存在禁忌，或者說對藝術家來說，沒有任何道德與禁忌的約束可言。但是，在一個良性運行的社會裡，在給藝術以廣闊的發展空間下，也需要尊重禁忌的合理性，因為禁忌也是人類文化的一部分（周至禹，2012：204）。

　　認為藝術應該有其行為的底線並不意味著就是傳統守舊，它或許反而是對藝術抱持著更多期待與想像的態度，如同王聖閎所提出的，認為活體動物展示在任何情況下都不屬必要，是因為「批判『使用活體動物於藝術展演之中』的真正論述基礎在於：『相信藝術總是有各種替代方案』；因為當代藝術最有趣也最值得期待的地方，或許恰恰在於它能繞過既有議題窒礙難行之處，找出使問題獲得新生、另闢蹊徑的偏行路線」（王聖閎，2013）。替代方案的思索並非妥協，恰好相反的是，它不但同樣具有複雜的隱喻可能，又不致因傷害生命的道德爭議減損作品本身欲達到的思考縱深。以臺灣藝術家袁廣鳴的《盤中魚》（1992）和《籠》（1995）為例，同樣以金魚和籠鳥做為象徵符號，表達某種生命沒有出口的困局，但他以投影的方式而非活體動物去表達這樣的概念，投影的高度擬真效果讓栩栩如生的金魚宛若「在場」，對他來說，「影像的存在即為真實」（公共電視臺編，2009：237），觀眾的參與也未必要真實動物的存在方能達成。他的另一作品《飛》（1999），是透過一個設計成鐘擺的電視，裡面有鳥的影像，當觀眾用力推動電視，鳥就會飛出螢幕邊框，空間中並會發出鳥聲（公共電視臺編，2009：238-240），但這樣的「飛翔」依然是個假象與困局。生命的沒有出路、創造及超越的可能，不必透過實際的殺戮或囚困，依然能夠透過藝術表達。

　　反之，透過暴力的死亡所完成的作品，固然具有震撼、不安而

逼使觀者思考的效果,但亦如阿洛伊所質疑的:

> 首先,如果是要利用動物的死亡來思考,到底是用要來思考什麼,是思考人類對死亡或權力等問題的執迷嗎?那真的非要用動物不可嗎?又一定要用殺死動物的方式來進行嗎(Aloi, 2012: 115-116)?尤其當藝術家合理化作品的正當性時,往往都是大同小異地點出「人類的偽善」(Aloi, 2012: 127)——當這些動物不是為藝術而死時,這些動物同樣也會死,卻不見得有人關心——這種重複的「反思」還需要一再上演嗎?簡言之,阿洛伊質疑的是,若為了人類所關懷的議題或藝術家自己所在意的事就在作品中利用動物來作為隱喻,那麼就只是用動物來達成人類的腹語術(Aloi, 2012: 124,轉引自黃宗慧,2014)。

如大衛・史瑞格利(David Shrigley)那隻拿著"I'M DEAD"標語的黑白貓標本(*Je suis mort*, 2007)、卡特蘭(Maurizio Cattelan)那隻嵌在美術館牆中,沒有頭的馬(*Sansm titre*, 2007)[10]、或是無力地倒臥在桌上,地下放了一隻手槍的《松鼠自殺事件》(*Bidibidobidiboo*, 1996)、令人聯想到三K黨,全身用白布覆蓋只露出眼睛的小象標本(*Not afraid of love*, 2000)、甚至直接將活驢吊在吊燈下打轉等等(姬榮菲編輯,2011),這樣的畫面在感官上無疑具有強烈的震撼效果,但某種程度上來說,它們也都是典型的「人類的腹語術」。卡特蘭於2011年的回顧展「全部」,就頗能體現這些作品彼此之間的關係。他將歷年來的123件作品都

---

[10] 參見陳羚芝譯(2012),Celine Delavaux & Christian Demilly 著。《當代藝術這麼說》。臺北,臺灣:典藏藝術家庭,頁71、80。

以懸吊起來的方式展出,刻意讓博物館的牆和地板都空著。這是他典型的一種挑戰方式,帶點惡作劇意味的挑戰組織與規則,他在此挑戰了一般嚴肅的、正式的展場空間,選擇把自己的作品像是待晾乾的衣服一件件掛起來,這異於常態的展出方式透露了他一貫的,對權威的不信任,也是他從 1980 年代崛起以來的風格:對官僚體制、政治、宗教、社會成規乃至藝術本身的批判。威爾森(Michael Wilson)認為,卡特蘭不只是一個對一切都不屑一顧、或只是想吸引注意力的藝術家,例如當「全部」把作品都吊起來的時候,這種對於終結、絞刑的暗示透露了他始終在意的主題是生命的荒謬與死亡的無可避免(Wilson, 2013: 88),但無可否認的是,動物在此仍然是表現概念的手段而非目的本身。透過某種對生命施以的暴力,讓觀者產生心理上不愉悅不舒服的感受,這樣的形式會不會成為某種概念的「捷徑」,變成理所當然的結果?在這樣的狀況下,這些所謂的「顛覆」或「反差」,會不會因為太過輕易而顯得薄弱了?是必須再更深入思索的課題。

二、擬真動物在藝術中的使用

另一方面,如果使用這些動物元素,是為了動物或者自然本身呢?那麼,少數的「犧牲」或許可以換來民眾對於生命和自然環境更大程度的關注?或者反之,這樣的作法讓議題被作品本身消耗和減損了?以蔡國強新作《九級浪》為例,這個作品將 99 隻看起來「奄奄一息」的模擬動物放在一艘船上,沿著黃浦江航行到上海當代藝術館展出。他表示此作乃是表達對環境議題的關注,尤其受到去年黃浦江上漂浮上萬頭死豬的新聞影響,「船上 99 隻動物在驚濤駭浪中顯現出的疲態觸動著每個人的心靈,從中引發人們對人與動物、人與世間萬物關係的思考。該作品與現代文明形成鮮明對比,

呼籲社會關注環保與生態，展現了對自然的關愛與責任」（胡瑩，2014）。

事實上，擬真動物一直是蔡國強常用的藝術元素，代表作如懸掛著9隻萬箭穿心老虎的《不合時宜：舞臺二》、以99隻狼撞向透明牆的《撞牆》，以及同樣用99隻包括長頸鹿、貓熊、老虎、斑馬等動物一起在水池飲水的《遺產》。上述作品與《九級浪》都是以實體大小、類似標本的形式呈現，差別只在於蔡國強使用的並非真實動物標本，而是以羊毛再製的「類標本」（南都網，2013）[11]——他請了一群標本專家進行協助，但是「要求這些專家從原本作標本的概念解放出來，同時又能夠發揮他們原先的優點」（楊照、李維菁，2009：132），也就是不要刻意準確性，否則就真的成為標本展示了。

《不合時宜：舞臺二》和《撞牆》，比較偏向一般以動物做為寓言手法的形式，《不合時宜：舞臺二》將文明的暴力和自然的野性對峙（王嘉驥，2009：43），透過虐殺帶來的不安，表現對英雄主義的懷疑（楊照、李維菁，2009：125）；《撞牆》則是蔡國強自己相當滿意的作品，他認為「關於自己的政治背景，文化意涵或是人生哲理，都被翻譯成為這件藝術作品，就像詩一樣，我所想說的、我所喜歡的，都在裡頭了。……作品呈現的是狼，其實說的是人，這樣的感覺也很好」（楊照、李維菁，2009：133-134）。相較之下，《遺產》則和《九級浪》一樣，清楚地宣示作品與環境議題的

---

[11] 根據《蔡國強泡美術館》一書中的作品材料說明，《不合時宜：舞臺二》和《撞牆》皆標註為「繪製毛皮」，他曾在訪談中說明製作過程：「這些動物是我委託福建一家工廠製作完成的，先用泡沫雕塑了一隻動物的身體，用膠和沙袋把表皮貼起來，不是動物的皮，再用不同顏色的羊毛貼出動物的圖案」，見南都網（2013）。〈蔡國強正把注意力從宇宙轉向地球〉。取自 http://paper.oeeee.com/nis/201311/29/145202_2.html。

高度相關，所有動物彷彿安詳地聚在一起低頭喝水的畫面，展現了某種不合理但和諧的畫面。無可否認的，這些實體大小的模擬動物，會因其「栩栩如真」的形象而引發觀者對真實動物的聯想，一整船看似奄奄一息的動物，也就產生了某種介於死生和真假之間的弔詭性：看起來正在死去的動物，意味著牠們（像是）活著，但牠們其實早已死去；只是真實的死亡（提供毛皮的動物之死）在此卻是隱匿的，牠們的死亡則是為了提醒觀者那些牠們所仿擬的動物如貓熊或北極熊，在真實世界中的即將死去。生與死、真與假在此產生了多層次的辯證關係，具有一定的意義。但筆者想進一步提出的是，如果我們所關注的議題恰好是這些動物元素背後的真實世界，那麼，是否有其他比運用毛皮模擬更好的選擇？筆者認為答案是肯定的。

運用羊毛製作模擬動物，和前述使用或甚至虐殺活體動物、或如赫斯特（Damien Hirst）直接展示泡在福馬林中的鯊魚標本（*The Physical Impossibility of Death in the Mind of Someone Living*, 1991）等作品比起來，顯然更「溫和」又不具爭議性許多，畢竟羊屬於經濟動物，原本就是人類豢養和利用的對象。但另一方面，對於觀者而言，展品素材的來源、製作過程等細節，畢竟屬於有心深入瞭解作品時才會注意到，對大多數人來說，作品直接引發的感官衝擊，無疑還是其無論尺寸、顏色都逼真如實物標本的形象，那麼在某種意義上來說，這樣的「類標本」其實仍舊召喚著與「標本」類似的情感與想像——如果模擬的結果是如此栩栩如生，又具有與真實標本同樣的外觀和質感，那麼對多數觀者而言，它直接產生的效果其實與標本無異，而標本與類標本，除了前述那些「逼視生死」的說法之外，它所能啟發的想像空間其實是相當有限的。尤其當我們以一種動物的死（儘管牠可能是再平常也不過的經濟動物），去呼喚對於其他生物的生之關注時，反倒會因其內在的悖反意義而減損了作品可能展開的多重性。

因此,當代藝術固然不必都需要擔負起「藝以載道」的重責大任,但是當它確實嘗試思考人與自然、人與環境的互動關係時,其取材的來源、手法、展出的方式和結果,就應視為整體生態環境的一環,在這樣的概念下,若能將動物元素的利用減至最低,不只可避免動物利用帶來的剝削或傷害等質疑,它所能產生的意義或許反而更豐富。舉例來說,徐冰《煙草計畫》(1999-2011)這個系列當中的《虎皮地毯》(2011),由五十多萬支香煙插製而成,無論紋理、顏色、質地的外觀都宛如真實的虎皮地毯,徐冰表示這個系列作品是希望「通過探討人與煙草漫長的、糾纏不清的關係,反省人類自身的問題和弱點」(王嘉驥,2014:37),因此,「虎皮」與「煙草」同樣指涉了全球貿易對生命、環境造成的傷害,卻以更幽微和宛轉的方式進行聯結,眾多與煙草相關的作品遂共同交織出看似各自獨立互不相關,又彼此含攝的對話關係,前述卡特蘭想表達的:「生命的荒謬和死亡的無可避免」,無須透過真實虎皮標本,依然可以成為這個作品所衍生出的思考方向。又如英國藝術家 Banksy 曾以一臺運載著 60 隻絨毛玩偶的屠宰場運輸車,在紐約的大街小巷中行駛,玩偶們一路發出哀嚎和衝撞圍籬的聲音(*Sirens of the Lambs*),雖然很多路人是以有趣的表情看著這個怪異的組合,但是這些玩偶反而凸顯了人與動物關係的某種矛盾性——我們可以一方面把豬、牛、羊、雞這些經濟動物卡通化,製作成可愛的商品,但這些動物在真實世界中處境的不堪,多數人卻又視為理所當然地集體沉默著。因此,玩偶的可愛和突兀感,反倒加強了這個作品的反諷性,可以想像,如果 Banksy 是以模擬的類標本形式去處理這樣的題材,反而會因為模擬動物與真實動物的過於近似,而失去那種因為距離、因為「不夠像」、因為「明知它不是真的」,所延展開的藝術、想像與思辯的空間。

除此之外，藝術的模擬也不必然要是實體形象的模擬，法國藝術家薩馬克（Erik Samakh）的聲音裝置藝術，就是以聽覺介入空間，並創造人與動物共生之模擬氛圍的作品，其中《電子青蛙》這個作品，以 12 組會感應溫度、濕度和動作的聲音模組構成，由於模組相當敏感，因此在靠近時蛙鳴聲可能會像真的蛙鳴一樣減弱或消失。「它所創造的幻影是如此的引人聯想，因此有些人甚至會信誓旦旦地向你聲稱，他們的確見過這些青蛙。」（姚孟吟譯，2002：225）。真實青蛙的「不在場」，反而製造出另一種「在場」的可能，以及讓觀者產生了「想像／想要讓牠們在場」的欲望。有趣的是，薩馬克後來做了一個「介入性」更強的作品，是用竹子搭建在青蛙生活的場域，保護其不受鳥類襲擊（《聲音製造者》），如古特所指出的，其「作品的本質愈來愈傾向於多面向生態系統的創造。藝術家較不關心自己特異獨行的表現方式，而關心這個影響我們及動物的過程，以及我們如何生活在同一星球上。」（姚孟吟譯，2002：226）。藝術的魅力在於擁有無限的可能性，對於我們所共同生活的這個星球，藝術家以各種獨具特色的形式帶領觀者去凝視、傾聽與思考，如何在生與死、真實與虛構之間，創造出在觀念上、美學上、倫理上都同樣具有價值的景觀，是當代藝術最值得期待之處，而這樣的位置，相信不必然總是需要透過暴力與傷害才能抵達。

肆、結語

對於當代藝術的想像，始終是流動中的、沒有定論的狀態。藝術是否需要，以及如何介入行動？一旦意識形態和行動理念介入作品，藝術和社會運動之間的界線又該如何區隔？都是討論當代藝術時常見的問題。本文從之前來臺展出並引發爭議的若干裝置藝術如紙貓熊、黃色小鴨和月兔為起點，繼而思考了以活體和模擬動物為

元素的藝術作品與倫理對話的可能。在這些作品可能產出的意義與消費／虐待動物引發的爭議之間，筆者認為，活體動物在藝術作品中的使用，毫無疑問必須將動物福利的考量納入，但若更進一步地去探究使用活體動物的必要性，將可發現這些作品其實多半沒有非採用活體動物不可的理由，而活體動物召喚的生／死聯想又可能過於直接，除了達致某種震撼與挑戰的效果之外，這些作品所能提供的詮釋空間，或許反而比不上使用其他替代方式來表現動物符號的作品。

筆者始終相信，美學與倫理、觀念與實踐不必是對立的，全有全無式地認為兩者之間必然要進行取捨，是缺乏想像力的結果。任何藝術形式與觀念，都絕對有另外一種殊途同歸的實踐途徑。如同蔡國強所言：

> 所以永遠都要相信，最終都會回到作品本身。因為藝術家會死，解釋作品的人也會死。……經常有人會從文化衝突、中國典故、新殖民主義等角度議論這些作品，但這些最後會被忘掉。幾十年後這件作品還持續存在，人們又會從另外的角度來解釋這件作品（楊照、李維菁，2009：220）。

藝術終究要回到作品本身，它不見得需要置入保育理念，但一個有力量的藝術作品，必然能與生命、與世界、與人心對話。如何用更具開放性的、想像力的、不必傷害生命的手法，去完成幾十年後仍然能被留下的，擁有多重意義可能並具討論性的作品，方是藝術之所以為藝術，最動人、最具魅力也最值得期待之處。

參考書目

ETtoday（2014）。〈查小鴨「爆斃」死因　臺大物理系教授傅昭銘：灌太飽了〉。取自 http://www.ettoday.net/news/20140101/311994.htm

ETtoday 東森新聞雲（2013）。〈我是小黑！8 支喇叭對八哥鳥籠輪播　北美館作品惹議〉。取自 http://www.ettoday.net/news/20130106/149174.htm

ETtoday 東森旅遊雲（2014）。〈Paulo Grangeon 來臺見國寶　為 200 隻「紙黑熊」定裝〉。取自 http://travel.ettoday.net/article/314964.htm

中時電子報（2013a）。〈黃色小鴨展區　竟出現活小鴨販賣〉。取自 http://video.chinatimes.com/video-cate-cnt.aspx?cid=7&nid=113976

中時電子報（2013b）。〈虐待！活小鴨攬客 沖冷水、供民眾拍照〉。取自 http://video.chinatimes.com/video-cate-cnt.aspx?cid=6&nid=114421

公共電視臺編（2009）。《以藝術之名——從現代到當代，探索臺灣視覺藝術》。臺北，臺灣：博雅書屋。

王聖閎（2013）。〈生命的展示形式與其減損：關於「我是小黑」的爭議〉。取自 https://www.facebook.com/notes/%E7%8E%8B%E8%81%96%E9%96%8E/%E7%94%9F%E5%91%BD%E7%9A%84%E5%B1%95%E7%A4%BA%E5%BD%A2%E5%BC%8F%E8%88%87%E5%85%B6%E6%B8%9B%E6%90%8D%E9%97%9C%E6%96%BC%E6%88%91%E6%98%AF%E5%B0%8F%E9%BB%91%E7%9A%84%E7%88%AD%E8%AD%B0/10151333030117141

王嘉驥（2009）。〈在空間與時間之間炸出一扇通道：論蔡國強的藝術〉，余思穎（編），《蔡國強：泡美術館》，頁 23-48。臺北，臺灣：臺北市立美術館。

王嘉驥（2014）。《徐冰回顧展》。臺北，臺灣：臺北市立美術館。

年代新聞（2013）。〈胖兔來 小鴨怕怕！上岸消風避風頭〉。取自 https://tw.news.yahoo.com/%E8%83%96%E5%85%94%E4%BE%86-%E5%B0%8F%E9%B4%A8%E6%80%95%E6%80%95-%E4%B8%8A%E5%B2%B8%E6%B6%88%E9%A2%A8%E9%81%BF%E9%A2%A8%E9%A0%AD-120036123.html

余思穎編（2009）。《蔡國強：泡美術館》。臺北，臺灣：臺北市立美術館。

李寧怡（2014）。〈龜黏 iPad 蔡國強挨批虐待〉。取自 http://www.appledaily.com.tw/appledaily/article/international/20140808/36008781
吳霈恩譯（2003），Toby Clark 著。《藝術與宣傳》。臺北，臺灣：遠流。
周至禹（2012）。《破解當代藝術的迷思》。臺北，臺灣：九韵文化。
東方視覺（n.d.）。〈生命的節奏〉。取自 http://www.ionly.com.cn/nbo/zhanlan/showAtt_207.html
南都網（2013）。〈蔡國強正把注意力從宇宙轉向地球〉。取自 http://paper.oeeee.com/nis/201311/29/145202_2.html
姚孟吟譯（2002），Catherine Grout 著。《藝術介入空間：都會裡的藝術創作》。臺北，臺灣：遠流。
洪致文（2014）。〈桃園地景藝術節背後的航空城開發陰影〉。取自 http://cwhung.blogspot.tw/2014/09/blog-post_6.html
洪偉（2013a）。〈「我叫小黑」的倫理問題——兼批 TVBS 的失格獨家〉。取自 https://waynehphilos.wordpress.com/2013/01/10/%E3%80%8C%E6%88%91%E5%8F%AB%E5%B0%8F%E9%BB%91%E3%80%8D%E7%9A%84%E5%80%AB%E7%90%86%E5%95%8F%E9%A1%8C%E2%94%80%E2%94%80%E5%85%BC%E6%89%B9tvbs%E7%9A%84%E4%B8%8D%E5%B0%88%E6%A5%AD%E7%8D%A8%E5%AE%B6/
洪偉（2013b）。〈回到主場以後——回應迷平臺「回到藝術」的要求〉。取自 https://waynehphilos.wordpress.com/2013/01/12/%E5%9B%9E%E5%88%B0%E4%B8%BB%E5%A0%B4%E4%BB%A5%E5%BE%8C%E2%94%80%E2%94%80%E5%9B%9E%E6%87%89%E8%BF%B7%E5%B9%B3%E5%8F%B0%E3%80%8C%E5%9B%9E%E5%88%B0%E8%97%9D%E8%A1%93%E3%80%8D%E7%9A%84%E8%A6%81%E6%B1%82/
胡瑩（2014）。〈蔡國強「九級浪」抵達上海：萬物的救贖〉。取自 http://www.zxart.cn/Detail/230/37344.html
唐葆真（2014）。〈凱爾德的動物雕像〉。取自 http://touchedbytheirhands520.blogspot.tw/2014/04/blog-post_13.html#more
姬榮菲編輯（2011）。〈卡特蘭：準備隱退藝術界的錯誤先生〉。取自

http://big5.cri.cn/gate/big5/gb.cri.cn/36724/2011/11/16/5431s3438101.htm

張定綺譯（1994），George B. Schaller 著。《最後的貓熊》。臺北，臺灣：天下文化。

郭怡孜（2013）。〈「大」的藝術　大黃鴨之父霍夫曼：Bigger than life!〉。取自 http://mag.nownews.com/article.php?mag=7-45-19266&page=1

陳信宏譯（2014），Alain de Botton & John Armstrong 著。《藝術的慰藉》。臺北，臺灣：聯經。

陳羚芝譯（2012），Celine Delavaux & Christian Demilly 著。《當代藝術這麼說》。臺北，臺灣：典藏藝術家庭。

陳惠惠（2014）。〈最高220公分1600隻熊熊大軍來了〉。取自 http://udn.com/NEWS/READING/REA8/8502445.shtml

黃宗慧（2014）。〈引發賤斥或營造氛圍？以赫斯特為例談當代藝術中的動物（死亡）主題〉，「形式・生命 Form-of-Life」論文。臺北，臺灣：國立臺灣師範大學。

黃建強譯（2011），Henry Nicholls 著。2012。《來自中國的禮物：大貓熊與人類相遇的一百年》。臺北，臺灣：八旗文化。

新浪休閒（2014）。〈熊出沒注意！1600隻紙貓熊快閃臺北〉。取自 http://easy.sina.com.tw/news/article_newsid-1823608.html

楊照、李維菁（2009）。《我是這樣想的 蔡國強》。臺北，臺灣：印刻。

楊慧莉（2013）。〈藝文人生9——鴨爸霍夫曼的觀念藝術〉。取自 http://www.merit-times.com.tw/NewsPage.aspx?unid=316636

萬宗綸（2014）。〈社運中的貓熊、黑熊與石虎　黃宗潔老師：可愛無罪，但不能只停在可愛〉。取自 http://geog-daily.weebly.com/22320297023554222727--geogforum/3

葛祐豪（2013）。〈黃色小鴨揮別高雄26日游進桃園〉。取自 http://news.ltn.com.tw/news/focus/paper/723655

漢妮熙（2006）。〈美學界域與倫理學界域：論作品藝術價值與動物性存在價值之爭議〉，林惠娥譯，劉千美校訂，《哲學與文化》，33(10)，頁51-67。

臺北市政府文化局（2001）。《輕且重的震撼：臺北當代藝術館開館展》。臺北，臺灣：作者。

臺北當代藝術館（2014）。《門外家園：黃步青個展》。臺北，臺灣：作者。

蕃薯藤新聞（2014）〈貓熊 × 臺灣黑熊 藝術家 Paulo Grangeon 創作過程大公開〉。取自 http://history.n.yam.com/tripass/travel/20140110/20140110044167.html

簡維萱（2014）。〈看得見的熊貓與看不見的〉。取自 http://opinion.udn.com/opinion/story/6073/102029

蘋果即時（2014）。〈漂浪島嶼：桃園地景殺手藝術節〉。取自 http://www.appledaily.com.tw/realtimenews/article/new/20140910/467081/

Aloi, G. (2012). *Art and Animals*. New York: I. B. Tauris.

Wilson, M. (2013). *How to Read Contemporary Art: Experiencing the Art of the 21st Century*. New York: Abrams.

展望電子商務7Cs顧客介面設計架構，推動臺灣文化創意產業全球在地化

林昭宏

國立東華大學藝術創意產業學系副教授

摘要

　　如何將文化創意的思維連結於相關產業之中，已成為全球多數國家之發展重點。臺灣現今的文化創意產業大多數是由微型事業或工作坊組成，雖具在地化之本質，但其行銷推廣以及與產業之間的連結能力則相對薄弱。當電子商務（E-Commerce）已成為全球產業發展之趨勢，臺灣的文化創意產業更不能將自己摒除於此潮流之外。本文將從 Rayport 與 Jaworski 的電子商務平臺顧客介面設計架構（The Seven Design Elements of a Customer Interface）之角度，探討臺灣的文化創意產業該如何將 7Cs（情境背景〔Context〕、內容〔Content〕、社群〔Community〕、客製化〔Customization〕、溝通〔Communication〕、連結〔Connection〕、商務〔Commerce〕）順利導入，並且將所有的 C 整合在一起，以支援其價值定位與建立具備適合度（fit）與增強度（reinforcement）的電子商務平臺顧客使用介面。本文以現今數個國內外的文

化創意產業之電子商務平臺為借鏡，期許臺灣的微型事業或工作坊能建構屬於自己的電子商務平臺，積極與全球接軌，進而強化臺灣的文化創意產業於新世紀中在全球在地化（glocalization）所扮演的角色。

關鍵詞：文化創意產業、電子商務、顧客介面設計架構

壹、前言

Culture is a driver and enabler of economic, social and environmental development. (United Nations Educational, Scientific and Cultural Organization [UNESCO], 2013)

無論是英國、澳大利亞、美國等文化與經濟成熟發展的國家，或像中國、韓國等積極結合傳統文化與開發經濟的國家，皆已積極投入文化創意產業的發展。當臺灣的工業與製造業優勢已逐步消失，我們必須發展跨領域且具全球化可能性的新式產業。臺灣於 2009 年由行政院通過於「創意臺灣──文化創意產業發展方案」，於 2010 年通過「文化創意產業發展法」，且在 2012 年成立文化部，均可看見推展文化創意產業的企圖心。文化部亦於成立之後旋即推動多個文化創意產業的旗艦型計畫，包括：電視內容產業旗艦計畫、電影產業旗艦計畫、流行音樂產業旗艦計畫、數位內容產業發展旗艦計畫、設計產業發展旗艦計畫、以及工藝產業旗艦計畫。

然而，根據文化部《2013 臺灣文化創意產業發展年報》的統計數據顯示，臺灣 2012 年文化創意產業營業額為新臺幣 7,574 億元，相較於 2011 年則下滑 3.42%，文化創意產業之總營業額占國內生產

毛額之比重亦從 2011 年的 5.74% 下滑至 2012 年的 5.39%（許秋煌編，2013：18），而相關的次產業，例如工藝產業，2012 年的「內銷收入」雖呈現 1% 正成長，然受到「外銷金額」衰退 57.6% 影響，導致其整體次產業的營業額較 2011 年下滑（許秋煌編，2013：22），顯示臺灣的文化創意產業營業已面臨衰退之危機。

　　由於文化創意產業的產品與服務具有特殊的性質，與一般產業有兩個相當大的不同點：其一在於大部分的文化創意產業的產品或服務是以手工、少量或專屬設計來生產或提供，產品與服務之本身被賦予獨特的生活意涵或文化精神，且訴求上是以連結消費者之情感以及對於文化之渴求為主要目標。其二在於臺灣文化創意產業的產品或服務之提供者，大部分為在地化或具地區性的微型事業及工作坊，無相關專業的產業經營與行銷及電子商務平臺參與及建置經驗。

　　文化部於其 2013 年的報告中將大部分的衰退原因歸咎於全球景氣之衝擊（許秋煌編，2013：18），且國內的文化創意產業正面臨小規模的內需市場、國際市場開拓相對薄弱的窘境。要開創新商機，除了由多元資金挹注以及人才培育與產業媒合外，臺灣的文化創意產業必須透過新型態的行銷策略以及新式的數位化管道與通路來突破現況。當我們重新整合相關的產業影響因子：包括如何提升文化創意產業之產品與服務的外銷？如何開發新式的產業模式而不僅侷限於在地或區域性的實體商店？如何讓臺灣的微型事業或工作坊轉化為全球在地化的產業經營模式？如何讓產業能透過虛擬的網絡達成集聚效應之極大化？這些問題，依據國外的經驗與智識，均能透過適切的導入電子商務平臺以及數位化經營策略來解決。

　　然而，目前臺灣文化創意產業電子商務化的探討，受限於相關跨領域研究人員之不足以及總體產業資訊之缺乏，多數仍以政

府機關或基金會的年度報告為主，對於文化創意產業電子商務化的導入策略研究並不多見，亦無法釐清產業於電子商務化後對於相關次產業及個體廠商之影響範圍與程度。因此，本文將聚焦於從Rayport與Jaworski（2003）的電子商務平臺顧客介面設計架構（The Seven Design Elements of a Customer Interface）之角度，探討臺灣的文化創意產業該如何將7Cs策略（情境背景〔Context〕、內容〔Content〕、社群〔Community〕、客製化〔Customization〕、溝通〔Communication〕、連結〔Connection〕、商務〔Commerce〕）順利導入，並且將所有的C整合在一起，以支援其價值定位與建立具備適合度（fit）與增強度（reinforcement）的電子商務平臺顧客使用介面。希望能透過相關概念之說明，為臺灣的文化創意產業之電子商務化延續更進一步的構想。

貳、文化創意產業的範疇與進程

聯合國教科文組織（UNESCO, 2006）認為文化產業是生產和散佈文化產品或服務的產業，結合創意、生產與商業內容，體現或傳達文化表現形式與文化內涵及特性。臺灣於「文化創意產業發展法」（2010年02月03日公布）將文化創意產業定義為：「源自創意或文化積累，透過智慧財產之形成及運用，具有創造財富與就業機會之潛力，並促進全民美學素養，使國民生活環境提升之產業。」

英國則被視為將「文化創意」納入具國家發展潛力之產業的起源國。其將創意產業（creative industries）定義為：「起源於個體創意、技巧及才能，透過智慧財產權的生產與利用，而有潛力的創造財富和就業機會的產業」。英國的文化、媒體與體育部（Department for Culture, Media and Sport, DCMS）將13種產業型態，包括Advertising（廣告）、Architecture（建築）、Art and Antiques

Markets（藝術及古董市場）、Crafts（工藝）、Design（設計）、Designer Fashion（時尚設計）、Film and Video（電影及錄影帶）、Interactive Leisure Software（互動休閒軟體）、Music（音樂）、Performing Arts（表演藝術）、Publishing（出版）、Software and Computer Services（軟體及電腦服務）、Television and Radio（電視與廣播）等列為創意產業的範疇（DCMS, 2001）。在1998年及2001年DCMS提出Creative Industries Mapping Documents（DCMS, 1998, 2001）之後，英國於2008年曾統計出其創意產業每年貢獻360億英鎊的毛附加價值、90億英鎊出口額、150萬的就業人口以及10萬產業家數（許秋煌編，2013）。而英國這套文化創意產業（Cultural and Creative Industries）的觀念也快速被澳洲、紐西蘭、新加坡等國家轉化及採用（Cunningham & Higgs, 2008）。

　　臺灣則參考UNESCO文化產業以及英國創意產業的定義，將文化創意產業的範疇，包括：視覺藝術、音樂及表演藝術、文化資產應用及展演設施、工藝、電影、廣播電視、出版、流行音樂及文化內容、廣告、產品設計、視覺傳達設計、設計品牌時尚、建築設計、創意生活、數位內容，以及其他經中央主管機關指定之產業等16項產業（文化創意產業發展法，第三條）。由於文獻對於傳統的文化創意產業的定義、分類及範疇已詳細的記載，包括文化建設委員會（2003）《文化創意產業手冊》、經濟部工業局（2004）《2003年文化創意產業發展年報》；臺灣經濟研究院（2003）《文化創意產業產值調查與推估》；邱誌勇、劉柏君及廖淑雯（2004）；劉大和（2003）；滕人傑（2004）；劉曉蓉（2006）等，本文將不再贅述。

　　本文所重視的則是，無論是從英國或臺灣所選定的文化創意產業範疇中，均可看出文化創意產業的本質相對過去的工業、製造業或商業是相當不同的，又因為文化創意產業是個新興的產業（依各國的定義及定位而言，均未超過20年），當臺灣的微型文化創意事

業或工作坊想建構屬於自己的電子商務平臺，積極與全球接軌時，其相關研究文獻與實務經驗則更相對稀少。澳大利亞的文化經濟學者暨榮譽官員 David Throsby AO （2008：219）指出，相較於一般傳統產業，文化創意產業的產品及服務須具備以下的特徵：

1. 生產過程中會融入某些人性的創意（some input of human creativity）。
2. 消費者會意識到所購買的商品或服務承載某些象徵性的訊息（vehicles for symbolic messages）。
3. 這些商品或服務包含有某些形式（即使是潛在性的）的智慧財產權（intellectual property）。

　　更由於文化創意產業的電子商務化牽涉文化創意、產業經營與管理、以及數位化網際科技的導入等三個構面，不同領域之間的人士必定存在著某一程度的知識與認知的落差。由於文化工作者比較重視個人創作理念，當其結合技術與天賦，再加上個人的創意，其作品均具備獨特性，且較無法標準化量產，而產業經理人雖較能掌握消費者需求以及消費趨向，透過市場行銷活動的運作，較能產生獲利的結果，但相對的，一般的產業經理人卻對文化創意產業的本質相對的生疏。更甚之，當大多數的產業已走向電子交易化及應用數位科技傳播資訊與消費訊息，文化創意產業的工作者與經營者更不能自閉於數位化的潮流之外。而這些具關連性的連結，也就產生了以下的挑戰。

參、臺灣文化創意產業電子商務化之現況

　　相關研究曾針對國內文化創意產業者進行調查，其結果顯示，大多數的文化創意產業之業主認為推動臺灣文化創意產業最迫切的面向是「產業」，其次才是文化與創意；而所面臨的文化創意產業

困境則包括：國際接軌不易、企業行銷及市場經營問題、市場接受度低、以及資金不足等（范榮靖，2009）。若由電子商務經營與發展的角度而言，「數位文創」將會是一個非常重要且必須要走的策略（財團法人臺灣文創發展基金會，2013）。

更進一步由文化部發行的《2013 年臺灣文化創意產業發展年報》資料分析（詳見圖1），2012 年整體文化創意產業營業額為 -3.42%，14 項次產業中有 6 項（約占 42.86%）為負向貢獻，其中又以工藝產業的 -4.24% 跌幅最大，且該單一次產業的負向貢獻度即大過於其他正成長產業之貢獻度總合（1.30%）。在呈現相對高正成長的次產業中，可以看出與數位化或電子商務概念連結較深的產業，例如數位內容產業與廣播與電視產業等，仍可維持相當幅度的正向貢獻。

（單位：百分比）

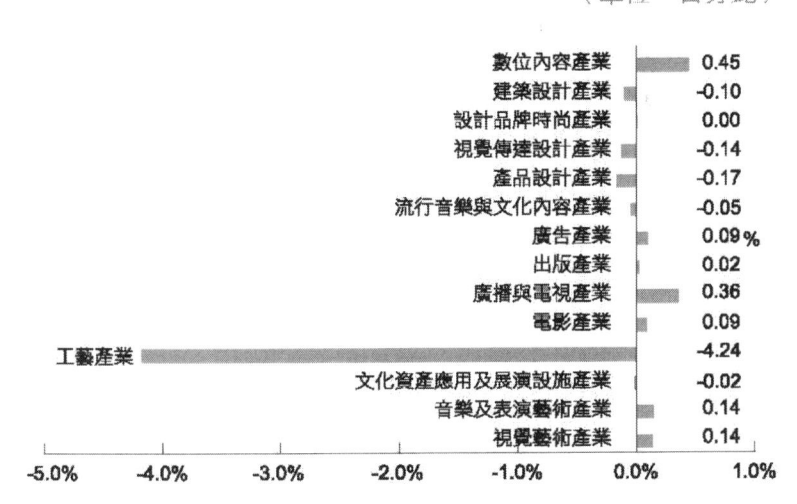

次產業	貢獻度
數位內容產業	0.45
建築設計產業	-0.10
設計品牌時尚產業	0.00
視覺傳達設計產業	-0.14
產品設計產業	-0.17
流行音樂與文化內容產業	-0.05
廣告產業	0.09%
出版產業	0.02
廣播與電視產業	0.36
電影產業	0.09
工藝產業	-4.24
文化資產應用及展演設施產業	-0.02
音樂及表演藝術產業	0.14
視覺藝術產業	0.14

圖1　2012 年各次產業對整體文化創意產業的成長貢獻度

資料來源：許秋煌編，2013：20。

值得欣慰的是文化部於《2013年臺灣文化創意產業發展年報》中，首次將「雲端化」列入為發展策略並呈現於年報中，期望未來能提供文化資源與藝文活動整合行動服務、提供藝文網路直播與視訊服務、促進文化雲資源共享、以及建置國民記憶資料庫與推動社區雲端創新等。但由文化部所提出的臺灣文化創意產業發展重要議題（許秋煌編，2013：174-200）：包括一源多用的促成機制、陶瓷與生活創意之連結、工藝與旅館跨域合作探討、新興文創產業團體的發展、以及文化商品平臺之崛起與啟示，卻僅最後一項與未來的雲端化或文化創意產業電子商務化稍微有關。

綜合上述的資訊，數位化的內容、產品及服務早已不是趨勢，而是已經實際在發生的事實，唯有強有力的數位網絡連結至全球，並取得實質的銷售利益，才有可能提振文化創意產業；再者，由於臺灣的文化創意產業之業主多為微型事業或工作坊，其產品或服務之客群屬於極度小眾且具地區限制，若無高度的曝光度並連結全球化的通路，僅靠獨立的資本是無法長期經營的。若能透過文化創意產業電子商務化，有系統且有策略性地在全世界曝光，則能較不受時間與空間的限制（財團法人臺灣文創發展基金會，2013）。因此，本文期盼能導入以下的電子商務之顧客設計界面架構之相關概念，亦即所謂的「7Cs架構」，強化臺灣的文化創意產業走向與全球接軌的未來。

肆、電子商務之顧客設計界面架構

Royport 與 Jaworski（2003）建議產業於建置網際商務平臺時，須由電子商務使用者的角度考量，依據「7Cs架構」（亦即基模〔Context〕、內容〔Content〕、社群〔Community〕、客製化〔Customization〕、溝通〔Communication〕、連結〔Connection〕、

商務〔Commerce〕），設計使用者介面。Royport與Jaworski認為這個7Cs架構是多數產業欲走向電子商務化的價值定位象徵，它能解答大多數網際顧客可能提出的問題：該電子商務網站值得瀏覽嗎？其所販售的產品或服務為何？該電子商務平臺所釋出的溝通的訊息是為何？相關的「7Cs架構」概念簡述如下（Royport & Jaworski, 2003）。

一、情境背景（context）──電子商務平臺給予使用者之感受

　　電子商務平臺的情境背景需具備兩個主要的層面：具視覺美觀性以及提供具實用操作的機能性。一個電子商務平臺的美觀性（aesthetics）大致可由色彩、影像、字型等視覺導向的特色共同創造出來；而當寬頻已逐漸成為網路使用之主流，電子商務平臺更應應用互動影音與其他豐富的多媒體來強化使用者的視覺經驗。而以操作機能性而言，電子商務平臺應注重分類與區隔、連結的架構、瀏覽的工具、速度、可靠性、平臺的獨立性、媒體的存取能力等因素。一個優秀的電子商務平臺需全方位考量並整合情境背景的所有構面，才能達成與顧客互動的最佳化。

二、內容（content）──電子商務平臺所欲提供的資訊

　　情境背景為電子商務平臺之視覺與操作設計，而內容則是該電子商務平臺所欲呈現的構成物。於數位平臺內所呈現的文字、圖像、影音等均算是內容，大部分均包含主題呈現、產品與服務等相關資訊。Royport與Jaworski（2003）將電子商務平臺的內容區分為三種類型：產品導向、資訊導向和服務導向。若該電子商務平臺以販售

商品為主要目的,即為產品導向的平臺;資訊導向的平臺則連結並聚集大量的資訊,提供使用者瀏覽或搜尋其有興趣的議題;服務導向的平臺則是提供服務給使用者,通常伴隨某一層次的收費或佣金收取機制。

三、社群(community)──
電子商務平臺所培養的歸屬感

電子商務平臺之社群意指網際使用者間的連結與互動,其可以是一對一的互動(例如:電子郵件、即時通訊等),亦或是許多使用者間的互動(例如聊天室、線上遊戲等)。相關研究亦發現,社群愈成熟,互動就愈密集,而且愈有可能產生以下 6 個特徵:向心力、效能、協助、人際關係、語言(成員間發展出在此社群中有特殊意義的特殊語言或縮寫)、以及自我規範(Royport & Jaworski, 2003)。多數的社群參與者能獲得一些情感上的利益,包括需求的滿足、計畫或活動的歸屬感、互相影響,以及經驗與資訊的分享。

四、客製化(customization)──
電子商務平臺所提供的個人化功能

具客製化能力的電子商務平臺能為不同的使用者量身呈現不同內容或資訊。越來越多的電子商務平臺已能動態地呈現各種版本來符合特定使用者的習慣、需求與興趣;由於互動式網頁的建置機制,電子商務平臺已具量身訂做能力,可根據每位使用者的回應和個人資料,呈現出個別使用者所需的不同內容與網頁擺置方式。知名的購物網站亞馬遜(www.amazon.com)即透過協同過濾的技術,能讓使用者於每一次購買過程中與其他有類似偏好的使用者作比較,並從中找出其他的採購建議;再者,也根據使用者的購買記錄,該網

站於使用者登入網站之後，會推薦與其之前的購買物品相似的產品給使用者。

五、溝通（communication）——電子商務平臺與使用者之連繫

溝通指的是產業透過所建置的電子商務平臺與其使用者間所產生的交流或對話行為。電子商務平臺的溝通模式大致可分為 3 種，包括廣播溝通模式，亦即單向地由企業到使用者的資訊交流（例如：大量郵件傳送、發送電子報、商務平臺內容更新的提醒、事件廣播等等）；互動式溝通模式（interactive communication），是指企業與其使用者之間的雙向溝通（例如：電子商務的對話、顧客服務、即時訊息等）；以及混合以上二者之模式。

六、連結（connection）——電子商務平臺與其他網站或平臺之連結

連結是指特定的電子商務平臺與其他網站或平臺間的連結。通常透過相關的超連結（hyperlink）來進行聯結，以文字加底線或特別凸顯的文字或圖片來呈現給使用者。這些連結能為電子商務平臺提供外部的產業或議題資訊管道，亦能夠豐富電子商務平臺的內容。

七、商務（commerce）——透過電子商務平臺達成交易之目的

電子商務平臺的商務功能，乃是支持企業與使用者以數位化之方式進行各種交易的能力。而常用的功能性工具包括：註冊、購物車、密碼與認證、信用卡交易之核准、點選方式完成採購、來自附屬網站的訂單、規格制定的技術、訂單追蹤、以及物流配送的選擇

等。Royport 與 Jaworski（2003）將電子商務平臺的商務類型區分為 3 類：低商務能力──該電子商務平臺雖有進行交易的能力，但商務功能性很低（或者根本沒有），通常是由小企業所擁有，且只占小企業之銷售額的少部分；中商務能力──該電子商務平臺具有一定的商務功能，例如信用卡交易的核准、以及網路註冊功能，但並未包含如購物車與來自附屬網站的訂單等功能，其主要目的僅是販賣商品，一般販售商品的網站均屬之；高商務能力──這些電子商務平臺配備了上述所提及的所有電子商務功能，通常是由大型的實體公司，或是有大量銷售額的線上公司所擁有。

一個線上企業的成功有賴於如何將每一個 C 順利導入，以及將所有的 C 整合在一起。增強度與適合度這兩個觀念有助於說明企業如何獲得 7Cs 所帶來的綜合效果。適合度是指每個 C 都能單獨支援企業模式，利用每個 C 與企業經營模式之間的連結關係來說明適合度。增強度則指的是每個 C 之間的強度，圖 2 以企業模式與每個 C 的連結關係說明了增強度。

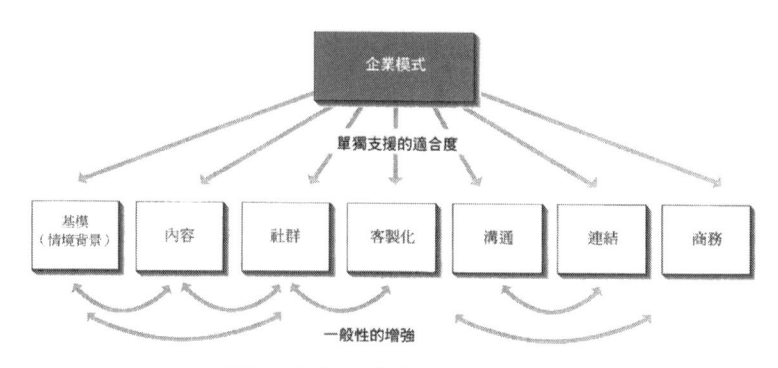

圖 2　每個 C 的適合度與增強度

資料來源：黃士銘、洪育忠及傅新彬譯，2006：193。

伍、相關文化創意產業電子商務平臺分析與評估

　　為達成導入及評估 7Cs 架構之概念於數位商務平臺中，本文列舉目前廣泛週知的 2 個國內文化創意產業電子商務平臺案例（依其現況，可區分為大型及中小型的電子商務平臺）、以及一個國外已經營多時且非常成熟的文化創意產業電子商務平臺之案例，來做對照與比較。本文將 7Cs 架構及該架構之下的各個項目製成表 1，先探討此三個數位商務平臺在此架構下的情形，後佐以實際情形進一步說明，期望能從中瞭解當前使用者介面的相關設計因素，希望能導引為國內的文化創意產業，於未來欲導入電子商務時能有更清晰的輪廓與瞭解。

表 1　電子商務之顧客設計界面之 7Cs 架構

情境背景（context）	美觀導向、機能導向、整合式
內容（content）	產品導向、資訊導向、服務導向
社群（community）	不存在型、受限制型、強力型
客製化（customization）	一般型、中度客製化型、高度客製化型
溝通（communication）	一對多，使用者沒有回應、一對多，使用者有回應、一對一，使用者沒有回應、一對一，使用者有回應
連結（connection）	目的地網站、連結埠網站、入口網站
商務（commerce）	低商務能力、中商務能力、高商務能力

一、Pinkoi（http://www.pinkoi.com/）

　　Pinkoi 於 2011 年成立，是臺灣目前相當大型的電子商務平臺（圖 3），已擁有 3,000 多個獨立設計品牌，以及超過 18 萬件作品刊載於此平臺中。設計師或業者如果要販售商品，必須透過網路填表機制並登載相關作品圖片，經 Pinkoi 管理者審核通過後才能加入。其目前已推展 24 小時到貨服務，並且有建置資料庫管

系統。Pinkoi 電子商務企業經營模式是採「仲介市場轉換」、「最佳品質」、以及「種類眾多」（Royport & Jaworski, 2003）等三種混合模式。此平臺提供相對高單價且能客製化的商品，但其最大的弱點則是許多消費者認為其商品或服務之價格太高，並不符合商品之價值。

圖 3　Pinkoi 電子商務平臺首頁

資料來源：Pinkoi，2014。

　　Pinkoi 緊密與 Facebook 等社群結合，透過消費者間的分享及互動，讓好的設計可以更容易被傳播與擴散，亦增加了消費者對於平臺的黏著度。另外，Pinkoi 也藉由跨界合作，提供多種設計服務。此電子商務平臺允許設計師可以設計自己的頁面，亦可藉由資料庫系統管理相關商品。產品於賣出後，Pinkoi 會向設計師收取佣金。其電子商務平臺亦提供給設計師相關行銷數據，節省相關管理時間。

由整個商務平臺的分析中可看出，Pinkoi 提供一個乾淨清楚的視覺設計給潛在的消費者，在買賣進行當中，提供了清楚的配送選擇。於售後服務方面，也提供設計師相關的評價跟鼓勵，使設計師可以朝向目標改進。其目標客群為喜歡獨特客製化商品的消費者，在其平臺中鮮少看到市面上的大型品牌，大多賣的是臺灣設計師的獨家設計。在臺灣，像這樣文創電子商務的網站不多，他們的電子商務平臺規模在臺灣文化創意產業界算是數一數二。惟其全球化的發展方向仍不明確。Pinkoi 創辦人亦坦言，目前此電子商務平臺尚未獲利。Pinkoi 把他們的企業定位為一個結合社群與電子商務的設計商品平臺，希望藉由美國矽谷先進的軟體技術，整合硬體科技及網路行銷，提供設計師一個國際設計品商務平臺。Pinkoi 在 2013 年底推出簡體中文版，並與支付寶簽約合作，成為臺灣第一個直接與支付寶金流串接的商務平臺（圖 4），更支援中國微博社群網站的會員註冊（許秋煌編，2013）。

圖 4　Pinkoi 電子商務平臺付款機制

資料來源：Pinkoi，2014。

二、阿原（http://www.taiwansoap.com.tw/）

相較於Pinkoi，阿原肥皂屬相對中小型的臺灣電子商務平臺（圖5），其平臺可區分為兩大部分，一部分是由「線上購買」功能連結到購物商城，包括文創商品及生活用品等；另一個則是主要視覺及相關資訊，大部分是阿原肥皂的經營歷程、相關報導、以及相關企業連結等資訊。

圖5　阿原電子商務平臺首頁

資料來源：阿原YUAN，2014a。

阿原電子商務平臺之企業模式較專注於「最佳品質模式」（Royport & Jaworski, 2003）。其線上購物機制則是透過商品資訊的傳遞來吸引消費者之購買。但亦可慢慢感受到此電子商務平臺逐漸在發展「種類眾多模式」，因為以目前的商品種類的趨勢來看，阿原除了以天然原料方面與身體相關的商品為主之外，還增加了禮盒、文創商品、生活用品等等的商品，亦與相關產業合作，例如茶道理（圖6）。

阿原將目標客群設定為喜歡無添加化學品的天然原料，且無過多的包裝設計之消費者。近來，阿原開始與許多所謂的「夕陽產業」共同開發許多系列商品，由自己品牌知名度提高合作廠商的名聲。其於電子商務平臺上有設立「新聞中心」，刊載曾經在書籍或雜誌中之專訪或廣告，並且標註此廣告或專訪的出處，如此一來，可以再為那些書籍或雜誌打開更高的知名度。阿原亦使用 Facebook 粉絲專用網頁，提供新產品資訊及活動公告；除了自己的電子商務平臺外，阿原也在其他較知名的網路購物媒介中尋求曝光的可能性，且一些消費者會在自己的部落格上書寫阿原相關產品的使用心得，透過這些機制，吸引網路媒體進一步瞭解阿原品牌故事與理念，並助其打響知名度。

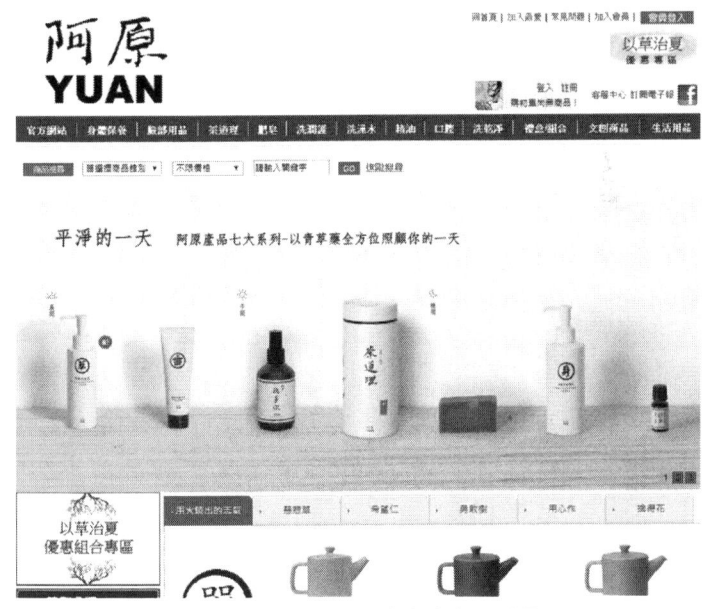

圖 6　阿原電子商務平臺之顧客設計界面

資料來源：阿原 YUAN，2014b。

阿原在購物網站上提供網路信用卡、匯款、數位 ATM、貨到付款等方式，但其網路刷卡付款機制僅接受臺灣地區所發行的信用卡，而如果要採用貨到付款機制，則有需購買 1,000 元以上的金額限制，其物流運送方式以郵局寄送為主。阿原線上購物比較繁複的部分在於使用相關優惠券或折價券時，必須先透過客服專線認證，然後將優惠券寄回阿原的公司才能使用。消費者必須先成為阿原的會員才能進行線上購買阿原的商品。此外，如果在阿原購物網上獲得電子禮券，亦必須透過驗證程序後，才能兌換禮品。

三、Etsy（https://www.etsy.com/）

　　Etsy 於 2005 年在美洲創立，初期僅是藝術家們成立的交易平臺，如今已發展成為時尚手作工藝品的電子商務平臺（圖 7），擁有超過 80 萬家的虛擬店鋪，出售 1,300 萬種不同的手作商品，成為 handmade 網路平臺的超級典範。在產品量產的現今商業化時代，大多數的 Etsy 賣家打造了「獨一無二」、「不可複製」、「精美」的客製化商品及服務。

　　Etsy 電子商務企業經營模式是採「仲介市場轉換」、「最新資訊」、「最佳品質」、以及「種類眾多」（Royport & Jaworski, 2003）等四種混合模式。Etsy 電子商務平臺所呈現的主視覺畫面相當簡約，地中海藍的字體襯白底，Logo 則為胡蘿蔔橘色，平臺內所呈現的各式各樣商品之圖片在顏色上選擇了彩度與明度都偏高的對比色系。

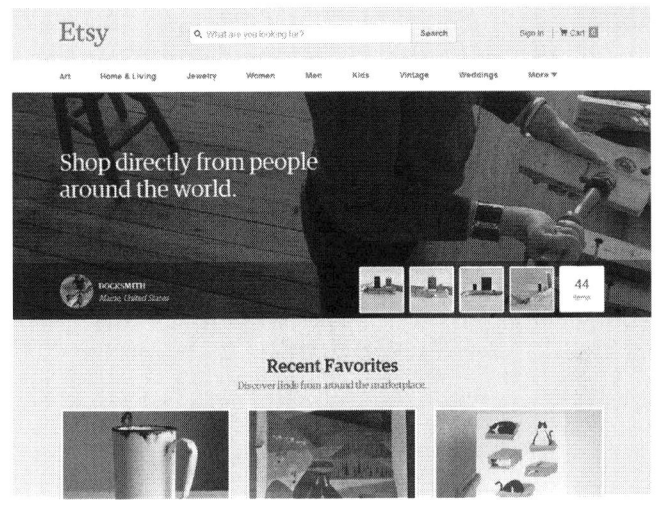

圖 7　Etsy 電子商務平臺首頁

資料來源：Etsy，2014a。

　　Etsy 電子商務平臺的主要獲利來源為商品之上架費，賣家必須支付每一件商品 0.2 美元的上架費，以獲取連續 4 個月在網站上張貼 5 張商品照片的機會；若創作者之商品呈放於 Etsy 電子商務平臺超過四個月以上沒有售出，Etsy 會繼續向賣家收取 0.2 美元的固定上架費用。每一件賣出的商品 Etsy 就可以抽成其售價的 3.5%。賣家亦可支付 15 美元一件商品的價格，將商品放在瀏覽率最高的頁面。相較於寄售商品於其他實體商店或自行架設網站，大部分創作者在考量平臺特色及支付價格之後，似乎都願意在 Etsy 上設立網路商店。其付款方式以 Paypal 為主要機制，不管買家或賣家均可以直接使用信用卡交易。

　　為了鼓勵優秀的商店並篩選不負責任的賣家，Etsy 電子商務平臺提供快速有效的互動，其評價機制採用類似於 ebay 的評價機制，用戶可標示不同層級的評價，為其消費機制做把關。更甚之，Etsy

亦提供賣家完善的管理後臺，設計師或賣家可藉由此功能查看相關資訊，例如被收藏到追蹤清單的統計、購買次數、每日瀏覽人次，也可查詢近 3 個月內的營收（圖 8）。

　　Etsy 亦有官方部落格，會不定期的對平臺上的創作者進行的活動介紹或專訪，其中包括展覽或是籌備活動花絮等。消費者也能在文章底下回覆心得。Etsy 還提供了「Team」的功能，讓分散各地的創作者可以依照自己的創作特性加入專業社團，藉此推銷商品並且認識朋友，如此，讓創作之路更加寬廣。

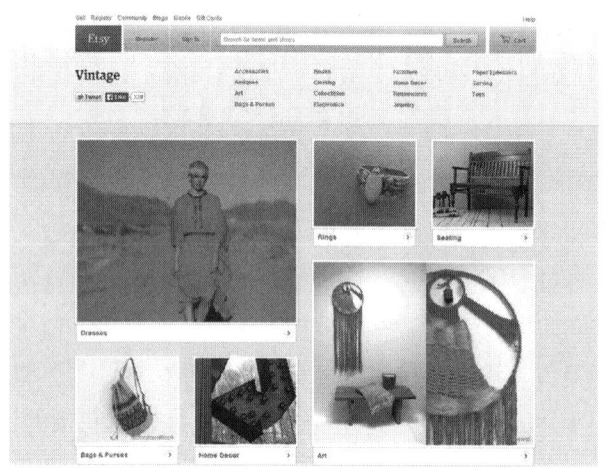

圖 8　Etsy 電子商務平臺之顧客設計界面

資料來源：Etsy，2014b。

　　茲將以上說明彙整而成表 2，並綜合討論如下：

　　以情境背景而言，由於「美觀導向」重美感而較輕實用；「機能導向」則是重實用而輕美感，「整合式情境背景」則兼具美感及實用價值。臺灣現今的這兩個電子商務平臺在色彩、文字及圖形的運用上較平凡與保守，藝術視覺設計的成份亦稍嫌不足，故僅能歸

類「機能導向」,而 Etsy 的視覺美感相對成熟,則較屬於「整合式情境背景」。

以內容而言,因為三個平臺均以販售文化創意商品或服務為主,因此皆具「產品導向」之功能;然而 Etsy 由於平臺的規模較大,所提供的資訊或服務亦較多元,又相對兼具「資訊導向」及「服務導向」。

三個平臺之社群架構是存在的,阿原雖有使用 Facebook 當作社群引導工具,但僅提供資訊、故事或意見給使用者,因此將其歸為「受限制型」,而 Pinkio 與 Etsy 則屬「強力型」,因為提供互動式社群功能,除包括公布欄、留言版及電子郵件外,尚有線上討論、問卷投票、部落格等功能。

客製化的功能較常見於產品導向及服務導向的網站,因此,此三個電子商務平臺均具某種程度的客製化能力;然而並沒有任何一個屬於「高度客製化型」,其原因在於此三個平臺仍無法根據使用者之前的購買記錄,於使用者登入網站之後,會推薦與其之前的購買物品相似的產品或服務。

在溝通方面,Etsy 與 Pinkoi 均已發展成「一對多,使用者有回應型」以及「一對一,使用者有回應型」,兩種類型均為發展客製化之後所產生的溝通類型。然而國內的阿原平臺則仍以較低階的「訊息公布」方式為主,在歸類上應屬「一對多,使用者沒有回應」之類型。

連結方面仍是以 Etsy 所提供的服務最佳,無論由其內部網路之連結或連接到其他功能之目的地網站等,而國內的電子商務平臺則須再進化。至於商務方面,以成熟度而言,Etsy 的全球商務平臺必定高於 Pinkoi,而以目前的狀況而言,阿原則僅能被歸為「低度商業能力」。

表 2　文化創意產業電子商務平臺之比較與評估

評估項目		文化創意產業電子商務平臺	Pinkoi	阿原	Etsy
文化創意產業產品及服務特徵		融入人性的創意（human creativity）	✓	✓	✓
		承載象徵性的訊息（symbolic messages）	✓	✓	✓
		包含智慧財產權（intellectual property）			
電子商務之顧客設計界面之7Cs架構	情境背景（context）	美觀導向			
		機能導向	✓	✓	
		整合式			✓
	內容（content）	產品導向	✓	✓	✓
		資訊導向			✓
		服務導向			✓
	社群（community）	不存在型			
		受限制型		✓	
		強力型	✓		✓
	客製化（customization）	一般型		✓	
		中度客製化型	✓		✓
		高度客製化型			
	溝通（communication）	一對多，使用者沒有回應		✓	
		一對多，使用者有回應	✓	✓	✓
		一對一，使用者沒有回應			
		一對一，使用者有回應	✓		✓
	連結（connection）	目的地網站	✓	✓	✓
		連結埠網站	✓	✓	✓
		入口網站			✓
	商務（commerce）	低商務能力		✓	
		中商務能力	✓		
		高商務能力			✓

資料來源：本文整理。

陸、結論與建議

　　文化部於《2013 年臺灣文化創意產業發展年報》中提出，於 2013 年之後其價值產值化與文化創意產業價值鏈建構與創新之構想，除本文於前述的「雲端化」策略，包括：未來提供文化資源與藝文活動整合行動服務、提供藝文網路直播與視訊服務、促進文化雲資源共享、以及建置國民記憶資料庫與推動社區雲端創新等之外，我們還可以看到其「泥土化」中的「盤整村落文化資源」與「發展村落微型文化產業」、「國際化」中的「建構臺灣全球文化交流網絡」與「傳播臺灣人文思想」、以及「產值化」中的「推動文化內容開放（open data）與加值應用」與「促成跨界與跨業整合，提升文創產業價值」等策略，勢必仰賴數位化網絡及電子商務來達成。

　　臺灣在推動文化創意產業方面未見具體成效，究其原因絕非僅僅是國內產業結構性的問題以及全球經濟衰退之問題。文化創意產業已不能單靠實體店面或傳統的產業經營方式來發展與成長，尤其是臺灣現今所謂的文化創意產業中，許多產業是從傳統製造業或工藝產業轉型，因受過去行之已久的代工產業型態與思維的影響，以致不利於文創品牌的發展。臺灣文化創意產業的質性乃以中小型企業為主，且相關產品或服務的內銷比例高達九成，但其行銷創新比例則遠低於整體製造業或服務業的水準，整個產業發展已出現廠商家數呈負成長之情況。新型的數位商業模式必須要及時導入以協助此一特殊產業之轉骨。

　　數位化、網際化、以及全球在地化的文化創意產品與服務已經不是趨勢，而是發生中的事實。相關文化創意產業必須要有強有力的數位通路發散構想，並透過數位平臺之開發以取得實質的利益，如此才能有效推展文化創意產業。消費者其實是存在於全球的，試

想，全球的消費者在臺灣 24 小時的任何時間點，要靠什麼介面才能很快地購買他們所欲的產品或服務呢？或他們該從何處「知道」臺灣的某個在地產業能提供品質相當優良的文化創意產品或服務呢？我們必須有系統、策略性地在全球尋求高度曝光的機會，而當今能倚賴的即是數位化的傳播與推廣，才能帶動消費風潮。

本研究採用 Rayport 與 Jaworski 的電子商務平臺顧客介面設計架構，透過闡述相關的電子商務專業知識，讓臺灣的文化創意產業試著瞭解該如何將 7Cs 的電子商務顧客使用介面，即情境背景、內容、社群、客製化、溝通、連結、商務順利導入，並且將所有的 C 密切整合在一起。

透過對照與比較二個國內文化創意產業電子商務平臺，以及一個國外已經營多時且相當成熟的文化創意產業電子商務平臺之案例，我們真的可以得知當這 7 個 C 的整合程度越高，其電子商務的增強度亦會造成乘數效果。期盼此文能對學術界和實務界具有參考價值。

參考文獻

Etsy（2014a）。〈Etsy 電子商務平臺首頁〉。取自 https://www.etsy.com/
Etsy（2014b）。〈Vintage〉。取自 https://www.etsy.com/browse/vintage-category?ref=hdr
Pinkoi（2014）。〈Pinkoi 電子商務平臺首頁〉。取自 http://www.pinkoi.com/
文化建設委員會（2003）。《文化創意產業手冊》。臺北，臺灣：作者。
文化建設委員會（2004），《2003 臺灣文化創意產業發展年報》。臺北，臺灣：經濟部工業局。
阿原 YUAN（2014a）。〈阿原電子商務平臺首頁〉。取自 http://www.taiwansoap.com.tw/

阿原 YUAN（2014b）。〈線上購買〉。取自 http://www.eshop.yuansoap.com/

邱誌勇、劉柏君、廖淑雯（2004）。〈自滿的狂享與虛幻及其之後——論臺灣文化產業〉，《當代》，200，頁 116-123。

范榮靖（2009）。〈臺灣第一份文創調查報告——文創航向新藍海〉。取自 http://www.gvm.com.tw/Boardcontent_15190.html

財團法人臺灣文創發展基金會（2013）。〈善用數位通路找尋文創產業新機會〉。取自 http://www.cci.org.tw/cci/cci/market_detail.php?c=236&sn=9510

許秋煌編（2013）。《2013臺灣文化創意產業發展年報》。臺北，臺灣：行政院文化部。

黃士銘、洪育忠、傅新彬譯（2003），Jeffrey F. Rayport & Bernard J. Jaworski 著。《電子商務概論》。臺北，臺灣：麥格羅・希爾。

臺灣經濟研究院（2003）。《文化創意產業產值調查與推估研究報告》。臺北，臺灣：文化建設委員會。

劉大和（2003）。〈文化創意產業界定及其意義〉，《臺灣經濟研究月刊》，26(5)，頁 115-122。

劉曉蓉（2006）。〈文化產業發展成文化創意產業之特性研究〉。取自 http://www.ntpu.edu.tw/pa/news/94news/attachment/950309/4-3.pdf

滕人傑（2004）。〈國內文化創意產業生態初探——以新興之音樂與表演藝術、視覺藝術及工藝產業為例〉，《臺灣經濟研究月刊》，27(6)，頁 90-100。

Cunningham, S. D., & Higgs, P. L. (2008). Creative industries mapping: Where have we come from and where are we going? *Creative Industries Journal, 1*(1), 7-30.

Department for Culture, Media and Sport (DCMS). (1998). *Creative industries mapping documents 1998*. Retrieved from https://www.gov.uk/government/publications/creative-industries-mapping-documents-1998

Department for Culture, Media and Sport (DCMS). (2001). *Creative industries mapping documents 2001*. Retrieved from https://www.gov.uk/government/publications/creative-industries-mapping-documents-2001

Jones, C., & Thornton, P. H. (2005). *Transformation in Cultural Industries*. Boston, MA: Elsevier JAI.

Rayport, J., & Jaworski, B. (2003). *Introduction to e-commerce*. New York: McGraw-Hill.

Throsby, D. (2008). Modelling the cultural industries. *International Journal of Cultural Policy*, 14(3), 217-232.

United Nations Educational, Scientific and Cultural Organization (UNESCO). (2006). *Cultural industries*. Retrieved from http://www.unesco.org/bpi/pdf/memobpi25_culturalindustries_en.pdf

臺灣新陶藝美學對文化創業產業的啟發

王怡惠

國立東華大學藝術創意產業學系助理教授

摘要

　　人類曾經以陶瓷的發展程度，來定義區域文明的開端與前進的狀態。隨著時間的積累，陶瓷的功能性與價值，呈現緊密的二元關係，並因著人類飲食文化的發展，緩慢的建構出具有形制的飲食器皿及陶瓷產業，聚焦全球化文化創意產業的內容，並觀察臺灣當代陶瓷器皿發展的現況，陶瓷材料所製成的生活實用器皿，展現出穩固的市場潛質及豐富的文化特色。本文試圖在生活實用陶瓷器皿的功能、美學與產業間進行提問與討論。以當代實用陶瓷器皿為範疇，首先針對手工客製量產與機械量產的差異性，談機械與手在互動過程中的回應，並探究個人化工作室如何在大量生產與單一客製化之間，平衡陶瓷器皿的美學特色與市場規模。最後，藉由對於學院養成教育的現象，探討個人工作室所衍生出的微型產業，嘗試在創意產業的趨勢下，啟動新的產業模式，並創造個人化的「器質」。器皿美學的甦醒，喚起物與人的互動，從心靈層面看陶瓷器皿

用與美的界線，應該屏除現代化社會以功能性定義器皿市場價值的現況，並從手作之美發掘出新陶藝美學。

關鍵詞：陶瓷、器皿、功能、美學

壹、緒論

陶瓷器皿陪伴人類數千年的文明發展，時至今日，在文化創意產業風起雲湧的當下，日常生活中看似安靜的陶瓷器物，仍然在文化脈絡、創意挑戰及產業產值間，持續受到關注與討論。謝東山（2005）指出，現代陶藝要在一文化發展的區域內，形成自主的社會體制，須具備有陶瓷燒造技術與材料供應系統、陶藝教學單位、陶藝家工作室、陶藝生產正當化與聖化機構、通路、市場等六大社會條件（謝東山，2005）。相較於亞洲其他區域，臺灣陶瓷器皿產業所形成的時間，極為短暫，缺乏製陶原料及傳統技術是臺灣陶瓷產業的歷史背景，依據過去臺灣大多數研究學者的論述（謝東山，2005），臺灣現代陶藝發展因素奠基於1970年代，藉由當時留學日本、美國及歐洲等地的年輕學子引介，讓東、西方現代陶藝改革運動的概念與主張，落實於藝術家個人工作室的興起與教學運動中，再加上由臺灣傳統陶瓷產業轉化後，形變出介於工藝與藝術表現間的創作形態。此外，由於臺灣特殊的殖民及移民過程，陶瓷生活器皿的使用習慣，也形成多元文化融合後的獨特詮釋。

觀察目前國人每日生活使用器皿發現，在飲食風氣盛行的當下，實用器皿的樣貌卻極為缺乏，較為講究的風格是所謂的仿明清時期官窯之瓷器風格，或歐洲及日本進口之知名品牌，一般餐飲商店最為常見的則為美耐瓷，也就是塑膠製品的美稱，保麗龍及紙類免洗餐具亦在使用之列，方便性嚴重的削弱了臺灣器皿的文化性。手工具有特色及材質表現的陶瓷器皿，一直未成為消費市場的主

流,因此本研究企圖探討:一、當代陶瓷器皿如何在原有的市場間,找尋新的價值與樣貌;二、藉由東、西方工藝思潮的梳理,檢視陶瓷器皿的萬象與流變;三、並藉由觀察的過程為臺灣創意產業下陶瓷器皿市場的可能性,提出可供參考的思維面向。

貳、研究動機

　　觀察臺灣當代陶瓷器皿發展的現況,有困境也有契機。財團法人臺灣文創發展基金會在 2013 年的研究報告中曾提出關於工藝產業產值與價值的思辯,以陶瓷產業為例,產出的形式可為「工藝美術品」、「工藝產品」及「社區工藝」等面向,界定的方式在於質與量(財團法人臺灣文創發展基金會,2013)。投身陶瓷產業的製作者,依據時代潮流、飲食習慣、形態偏好等因素的影響,可將陶瓷生活器皿著重於裝飾性的表現、獨特功能性的設計或服膺特定飲食習慣的需求,而產生市場價值,除了產品完整度及陶瓷專業表現的挑戰外,從美學與文化的脈絡對於質的部分有極為多元的論述。量化的部分則相對清晰,以一般工廠量產化的型態而言,1,000 件為一基本單位,依照產品銷售壽命及可推廣之市場區域,決定最終量產的數量,此一生產途徑為考量降低生產成本、增加市場廣度及強化包裝及運輸的便易性等,因而流失陶瓷材質的特質及美學思維的注入。然而,當下關於美學價值與市場供應平衡的議題,是所有創作者與市場所面臨的難題,也是陶瓷生活器皿發展所面對的困境。然而,蔡湘在擔任國立臺灣工藝研究發展中心主任期間就曾指出,對於臺灣工藝產業的內容,產品無論在 1 或 100 的數量,皆應肯定其價值與產值。

　　臺灣由於原料及早期燒造技術的侷限,陶瓷生活產品多以含鐵量較高的粗陶器為主,器皿表現簡單、樸拙且率直,1960 年代後,材料的進口與仿古、代工外銷市場的需求,才改變了臺灣陶瓷器皿

的技術水準，然而，長期專業人才及知名品牌的缺乏，造成臺灣在內銷與外銷市場一直無亮眼的表現。從目前臺灣大眾市場已習慣使用統一生產、看似簡單乾淨的瓷器商品，無論在任何價位的陶瓷產品，對於能展現創作者創意價值及材質美感的客製化商品似乎都是陌生的，此現象來自於傳統、教育、美學與生活態度的遺失與缺乏，最終無法建立具有獨立特色的商品市場。因此，本文關注的焦點在於藝術家工作室所提供的產品面向，此路徑的產出樣貌有別於一般陶瓷工廠大量生產與銷售的型態，也非全然的單一藝術品表現形式，本論述企圖在美學發展與陶瓷器皿製作供應鏈間，找到落實於生活之美的可能性，及發現潛在市場價值。

參、文獻探討
一、從工作室陶瓷看器皿的發展脈絡

無論從縱向的時間軸或橫向的空間軸來看待飲食與陶瓷器皿間的呈現，皆有其緊密的發展關係。陶瓷容器的起源可以追溯到原始時期，人類為了滿足生活需要及提升便利性，而開始了利用自然材料，並運用簡易手作的程序，製作出生活所需的器皿（戴偉傑、張華英、陳令嫻譯，2013）。手工製陶幾乎是所有文明的開端，它伴隨著盛裝器皿與飲食習慣的建立，推衍出當下關於功能與美感間的豐富創造力。在19世紀下半葉厭倦工業革命量產化生活製品的人們，企圖尋找更能激勵人心並回歸具備藝術與工藝之美的日常器具，而引發約翰‧魯斯金（John Ruskin, 1819-1900）與威廉‧莫里斯（William Morris, 1834-1896）等人名為美術工藝運動（Arts and Crafts Movement）的創新改革。雖然日後工業量產及科技發展的洪流，依舊淹沒了當時對於用與美的理想，但手作物件的意義與溫暖已深植人心。對於功能性陶瓷器皿的製作發展來到20世紀初的英

國,伯納‧李奇(Bernard H. Leach, 1887-1979)建立了「工作室陶瓷」(studio pottery movement)的基礎概念,提倡由「真正的工藝家」(real craftsman)全程參與陶瓷器皿的設計與製作流程(Waal, 2003),獨立手工製作與堅持製作的熱情,支持著伯納‧李奇的手持續創造。20世紀間的世界大戰促使了人的移動與文化的交換,許多藝術家、工藝家及設計師將工作室陶瓷的概念,實踐在英國、歐洲、美國及亞洲等地(Bloomfield, 2013)。多元跨文化的學習及成長背景,促使伯納‧李奇不間斷的旅行在東、西方間,日本民藝運動(Mingei Movement)下的陶瓷器皿發展,也藉由伯納‧李奇與其日本陶藝家友人濱田庄司(Hamada Shoji, 1894-1978)與民藝理論批評家柳宗悅(Soetsu Yanagi, 1889-1961)的相互交流(圖1),推衍出一種倡導以手作為出發的簡單樸素之美,並推崇陶藝工作者的地位及嚴謹的創作態度,藉由器皿的製作與使用,反映出創作者獨特的人格價值及美學觀(戴偉傑等譯,2013)。此運動提醒了大眾去發掘過去在身邊看似平凡無價的日常器物,並從中找到為人所忽略的美感及使用經驗。

圖1 濱田庄司、伯納‧李奇、柳宗悅與瑪格麗特維登漢,
1952年攝於美國黑山學院

資料來源:American Craft Council, n.d.

臺灣食器的發展，匯聚了東、西方陶瓷器皿的特徵語彙，其中尤以日本的影響甚為深遠。日本殖民臺灣的 50 年間，藉由瓷土原料、生產器具及製作人力、技術的輸入，造成食器風格的直接影響，並在光復後的臺灣，經由日常生活的使用，內化為臺灣飲食器皿的新基因（簡楊同，2013）。從民藝學者林承緯探究日本生活器皿的發展脈絡來省思臺灣食器的美學價值時，他提出了關鍵的四個面向：（一）重新關注生活中的器物，（二）「用」是一切的本質，（三）以手和身體去感受，（四）平易近人的平均美（林承緯，2013）。臺灣陶瓷食器在當下的發展，清楚的回應了民藝運動對於臺灣日用生活之美的影響。延續日治時期生活陶瓷器皿的同時，臺灣也在 1970 年代後，陸續藉由歸國學人及國際交流、展演的機會，輸入西方陶瓷器皿的樣貌並融合使用習慣。由此出發，本研究企圖討論目前少量客製化的陶瓷生活器皿生產現象，並探究其輸入的路徑與美學主張。

肆、心陶藝美學的甦醒

一、機械與手的回應

「手與機器的差異在於，手總是與心相連，而機器則是無心的」（張魯譯，2013）。大量機械化生產的速度已經遠遠超過陶藝工作者的雙手，廉價而實用的生活陶瓷器皿充斥在我們的周遭，為何我們要回到伯納‧李奇強調手作的思維裡？為何要讚揚創造力？從製作者的角度出發，個人工作室手工化的陶瓷器皿與人工操作機械有很大的差異，操作機械的工作者僅止於服務機器，手工藝之所以能誘發奇蹟，因為它不是單純的手工勞動，其背後有心的控制，通過手來創造物品，這才是賦予物品美之性質的因素（張魯譯，2013）。雖然量產化的前製過程是通過設計師無數的思考與修正而產生，但

製造過程為便利於機械大量生產，會去除許多人與材質互動間所留下的造型與手感之美。舉例而言，澳洲陶藝學者也同時是創作者的珍妮特・迪布斯（Janet DeBoos）曾經花了 3 年的時間印證一個她設立的假說，珍妮特嘗試以機器模製化生產取代她著名的手拉坯容器，過程中探討工作室手工物件（圖 2）和工業生產物件（圖 3）間是否有差異性的存在，結果是令她驚訝的，表象上模製技術已非常接近她原先手作的器形，然而當人伸手使用時，所有的曲度已經失去與人貼近的感受，加上為了因應機械生產而改變坯土的使用，造成整體作品色彩及造型上呈現嚴重的失溫感（DeBoos, 2005）。

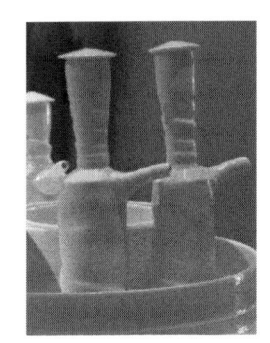

圖 2　珍妮特・迪布斯，注水器，手工瓷土拉坯
資料來源：王怡惠拍攝，2005。

圖 3　珍妮特・迪布斯，壺與杯，瓷土注漿
資料來源：DeBoos, 2005.

細細探究體驗器物時的身體經驗,人的所有感知豐富的沉浸在美好色彩、輕脆聲響、柔和溫度以及獨特的質感間。成功的陶瓷器皿不只能成為好的容器盛裝食物或看來賞心悅目,更重要的是藉由藝術家的手作傳達器皿的「器質」,就如同當我們手握陶藝家克斯汀·科爾賀(Kirsten Coelho)的杯子時,我們閱讀到創作者體現如詩一般的流動思維在其器形線條間,克斯汀期盼藉由抽象近乎極簡的線條來傳達她對於地景與城市的深度思考,透徹、延展、簡約的形態下,在邊際蔓延似鐵銹色的線條,帶領使用者思維有機自然與人工幾何間的美學展現(圖4)。

圖4　克斯汀·科爾賀,茶罐與茶杯,瓷土,消光白釉,氧化鐵
資料來源:Coelho, 2007.

二、美學特色與市場規模的平衡

「器皿是料理的衣著」
　　——北大路·魯山人(Rosanjin Kitaoji)(Bloomfield, 2013)

關於實用性陶瓷器皿的許多關鍵性論述談到，器皿可以成為用餐、典禮、儀式中冥想的媒介，也能在各式空間中，拉攏人際關係、強化身分或展示品味，此過程器皿成為一種關於社會聲望及鑑賞力的代表物，因而推衍出新興的藝術市場（林寬裕編，2014）。1995年，知名廚師克里斯‧哈士丁（Chris Hastings）在美國阿拉巴馬州的伯明翰開設了他的第一家餐廳，並堅持選用具有工藝性及手工感表現的家具及器皿，他也是第一位以使用陶藝家蒂娜‧潘恩（Tena Payne）的手工餐具參加美國鐵人料理競賽（Iron Chef America）獲獎的代表人物（圖5），克里斯相信人們的需求永遠比我們想像的更多，身體需要的不只有食物，還有對於食物的來源、季節感，甚至是提供食物的空間及味道，當然也包括工藝家在作品間提供的生命經驗（Fields, 2014）。

圖5 陶藝家蒂娜‧潘恩（Tena Payne）為克里斯‧哈士丁（Chris Hastings）所經營的餐廳製作的白色餐盤

資料來源：Chancey, 2014.

臺灣陶藝創作者呂嘉靖以自身投入陶瓷器皿生產的觀察提出，近期臺灣因生活飲食的注重及餐廳力求獨特與創新的高消費市場，而擴充了手工製作及挑戰獨特美感的陶瓷器皿市場（呂嘉靖，2013）。在此情形之下，只有具有獨立創作能力及窯爐設備的個人工作室，能滿足如此的市場需求。其內在養成因素在於個人創作者的教育養成背景涵納了豐富的美學及文化思維，並具有獨立思考與批判的創作觀，外在原因則是個人創作者能從原料控制、土坯塑形、表面裝飾到作品燒成，皆獨立完成，並在製作的過程將想法與技法融合為視覺表現形式呈現。舉例而言，餐具的獨特性及美感，能清晰的凸顯飲食文化及用餐氛圍，陶藝創作者在與餐廳溝通協調的過程中，除依照食物所需的器形進行客製外，同時也盡情的對材料及形式進行嘗試。由於製作過程以手工為主，機具為輔，因此個人工作室很少接受品項單一，而數量在 1,000 件以上的訂製工作，原因在於個人工作室創作者希望保有每一件器皿的創作性及手感上的差異美，進行訂製的餐廳業主，也期待能看到更具獨特風格及美學創意的陶瓷器皿。

　　以臺灣宜蘭的特色餐廳「掌上明珠會館」為例，在 2007 年籌備創立之初，便是以結合餐館、茶館與美術館的創意用餐空間為出發，提供預約人文氣息的無國界料理，將現代養生及日式懷石的精神導入在地美學（吳英賢，2007）。藝術家李宗儒與掌上明珠會館的合作也始於器皿與料理的特色需求，餐廳所提供的是無菜單套餐，每一份餐點約有 10 道菜，因此餐廳針對各式食材，要求訂製 10 款陶瓷器皿，每一品項皆為 150 件（圖 6 ～ 8）。合作過程中，李宗儒談到業主會同行政主廚與陶藝家一起進行討論，之後將創作的最終決定權交給陶藝家自由發展，陶瓷器皿的產生過程，李宗儒思考著「實用器物創作」是創作者在優先考量使用者的「實用性」為前提後，再加入藝術家本身對器物的表現性。由於品項的繁複及

低訂製數量,造成此類餐廳無法經由工廠進行餐具生產,這也正是臺灣目前陶瓷個人工作室能提供的市場,其可能性及延續性,能豐富未來臺灣大眾餐飲器皿的內容及文化,並促進個人工作室產品的發展與創意。

圖6、7、8　藝術家李宗儒與掌上明珠會館合作的陶瓷器皿
資料來源:作者李宗儒授權本文使用。

機械式量產在當下的產業鏈之中,對於產量的推進仍然有其重要的角色,然而關鍵是在大量產出的過程中,如何讓人與藝術的感動進到機械與手工之中,並達到定量生產規模。部分臺灣個人工作室陶藝家已找到平衡點。量產化陶瓷及手工陶瓷共享相近的生產程序、相同的材料及共同的市場,但陶瓷器皿在面對不同的作者時,確實存在著起點的差異,量產陶瓷具有價格大眾化、型制規格統一、大量生產行銷及穩定供貨等特色,反之,工作室陶藝家的起心動念,時常是直覺性的希望創造美的物件、獨特的手工感或建立人與器形的互動關係,因為開啟製作的意圖不同,而產生截然不同的器皿樣式。以臺灣年輕女性陶藝家王幸玉作品為例,與王幸玉合作的是鶯歌知名的陶瓷藝廊「富貴陶園」,除藉由私人美術館的形態推動臺

灣陶瓷及雕塑市場外，也本著將陶瓷藝術融入美食文化的精神於鶯歌與三義分別設立「富貴人文藝術餐廳」（富貴陶園，n.d.）。王幸玉的作品由創作者自行手工塑造原型之後，再親自參與進行模具開發及注漿生產，一般市面上大多數的陶瓷器皿，其製作過程到此階段，製作者便會全然的交由工廠燒製及包裝，然而藝術家王幸玉卻在此階段將作品運回工作室進行後續的創作，她將對於植物中花朵、種子、葉脈等纖細入微的觀察，轉化成線條及淺浮雕，應用在陶瓷杯具或酒器上呈現（圖9、10）。脫離工廠量產常軌的陶瓷器皿，在個人工作室裡開出一朵朵獨特、燦爛而芬芳的花朵。

圖9　王幸玉，杯與盤，瓷土注漿，釉下手工彩繪
資料來源：作者王幸玉授權本文使用，2014。

圖10　王幸玉，酒器組，瓷土注漿，手工釉下淺浮雕裝飾
資料來源：作者王幸玉授權本文使用，2014。

三、個人工作室衍生出的微型產業

　　觀察陶瓷工藝的發展，改變的出發點在於個人創作者對於美感意識的覺醒，以及現代化社會自我意識、個人主義的讚揚（戴偉傑等譯，2013）。具有獨立思考的創作者，以藝術家的精神，透過雙手所再現的器物傳達個人對於世界的觀察與想像。在資本主義強力運行的社會中下所衍生的商品文化與美學，不全然是人類身心靈必然的需求，直接由創作者感受切身文化及生活所需，再親自藉由身體勞動的過程參與陶瓷材料的形塑與燒造，某種程度而言是直接傳遞了作者個人的生活選擇與美學取向，也透露出時代真實樣貌下的文化語彙（莊秀玲，2012）。此外，由於近二十年間臺灣陶藝人才培育的過程已由學院教育取代，當下的年輕創作者不隸屬於任何傳統的師徒制度，或承襲於單一創作典範，此現象造就了新容器美學的在地發生，年輕世代的陶藝工作者，在學習背景上常涵蓋多種領域、環境及文化，各式的衝擊，讓年輕創作者嘗試從不同的面向看待陶瓷材料，並思索自我的定位與方向，改變的過程，藉由與環境的對話，創造出更具獨立思考與多元思辨的在地食器。

　　觀察東、西方對於陶瓷器皿的美學追求，有明顯的差異性。東方的思維時常強調器皿與食材的和諧表現，因此希望作者將個人特色降低，純粹表現器皿材質與功能的美好，日本陶藝家飯干祐美子（Iihoshi Yumiko）談她的容器思維時便提到：「我想做的是親手製造卻不留下手做痕跡，量產卻仍帶有人味的器皿」（圖11）。而西方則強調個人主義，在兼顧實用功能的前提下，盡力表現創作者個人對於裝飾、器形、材質及燒成的各式美感表現。臺灣目前同時存在此兩類型的創作者，無論是講求個人特色表現的器皿，或低調服務非特定的人或飲食的器物，各自擁有其市場擁護者。從正面積極的角度來看待臺灣的陶瓷個人工作室，在創作者心中都有一個

如同飯干祐美子「做個小小食器製造商」的夢想藍圖（林謹瓊譯，2014），它顯示的是臺灣文創產業中微型創業的契機及潛質。年輕創作者在離開學院的專業教育後，選擇以一至三名的成員組成微型工坊，將設計、製作、包裝到行銷的路徑，藉由工坊成員分工合作的型態，切入少量客製的實用器皿市場。在此同時，由於餐廳希望建立飲食特色及獨特人文美學，無論是在地或進口的量產陶瓷器皿，幾乎都無法滿足此一特殊市場的需求，也促成陶瓷個人工作室以微型產業的模式，創造出無數美好的器皿故事，並建立屬於個人的「器質」。

圖 11　飯干祐美子，「un jour matin」系列之盤與杯
資料來源：Iihoshi, n.d.

伍、結論

人類在進步的過程，忘卻了當下所要解決的已不是市場基本需求的問題，而是期望藉由創造力將人類對於美好生活的想像實踐出

來。當柳宗悅談工藝的美時，他說工藝美在於服務（戴偉傑等譯，2013），陶瓷器皿的創作與使用間的美好經驗，來自於人與器物的互動，其隱含了使用與美感的結合。臺灣陶瓷食器的發展趨勢已逐漸形成，脫離現代化社會規格框架下的反動力量，已然成行，器皿成為傳遞文化、讚揚勞動、展現多元與認同差異的重要載體。陶瓷安靜的、無心的陪伴在每一個人生命的時時刻刻裡，寧靜的背後是創作者的心意，在過去我們稱呼的匠人，因為陶瓷養成環境的改變，學院教育的建立，讓器皿不再只是器皿，深切探究生活中隨手可得的美好器皿背後，其實涉及了工藝價值、美感經驗與社會經濟間的多重層面，並且攸關群體發展更挑戰著我們的思維，創意產業潮流下臺灣當代陶瓷器皿的發展，作為一種精神與物質相互結合的文化現象，我們期待這個創新工程能帶領在地飲食的容器美學，開創新的歷史扉頁。

參考書目

吳英賢（2007）。〈掌上明珠會館〉。取自 http://www.formosapearl.com/
呂嘉靖（2013）。〈近現代日本陶瓷食器對臺灣的影響〉，《LaVie》，115，頁 227。
林承緯（2013）。〈日本百年食器美學之始〉，《LaVie》，115，頁 164。
林寬裕編（2014）。《2014 臺灣國際陶藝雙年展手冊：新陶時代——藝術·設計·數位趨勢》。新北市，臺灣：新北市立鶯歌陶瓷博物館。
林謹瓊譯（2014），飯干祐美子、一田憲子著。《今日也在某處的餐桌上：飯干祐美子的器皿之道》。臺北，臺灣：大鴻藝術。
財團法人臺灣文創發展基金會（2013）。〈思索工藝產業的產值與價值〉。取自 http://cci.culture.tw/cci/cci/market_detail.php?c=236&sn=9534

張魯譯（2013），柳宗悅著。《柳宗悅 日本民藝之旅》。臺北，臺灣：遠足文化。

莊秀玲（2012）。〈衛豐饒與樂趣而存在的實用陶藝〉，新北市政府（編），《第六屆臺灣陶藝金質獎：居家陶藝競賽展》，頁30。新北市，臺灣：新北市立鶯歌陶瓷博物館。

富貴陶園（n.d.）。〈文化‧創意‧藝術‧建築‧自然〉。取自http://www.fugui-yingge.com.tw/#about

戴偉傑、張華英、陳令嫻譯（2013），柳宗悅著。《工藝之道：日本百年生活美學之濫觴》。臺北，臺灣：大鴻藝術。

謝東山（2005）。《臺灣現代陶藝發展史》。臺北，臺灣：藝術家。

簡楊同（2013）。〈追尋臺灣老食器裡的和風基因〉，《LaVie》，115，頁224。

American Craft Council. (n.d.). *Shoji Hamada at Black Mountain College*. Retrieved from http://craftcouncil.org/content/shoji-hamada-black-mountain-college

Bloomfield, L. (2013). *Contemporary tableware*. London: Bloomsbury.

Chancey, C. (2014). *Place setting*. Retrieved from http://craftcouncil.org/magazine/article/place-setting#

Coelho, K. (2007). *Gallery*. Retrieved from http://kirstencoelho.com/

DeBoos, J. (2005). Handmade? Designed? What does it mean? *Journal of Australian Ceramics, 44*(1), 11-15.

Fields, M. (2014). Place setting. *American Craft Magazine, 74*(1). Retrieved from http://craftcouncil.org/magazine/article/place-setting

Iihoshi, Y. (n.d.). Products. Retrieved from http://www.y-iihoshi-p.com/product/product.html

Waal, E. D. (2003). *20th century ceramics*. London: Thames & Hudson.

我們需要怎樣的文化創意產業政策?
——以媒體產業之事前審查為中心

葉慶元

泰鼎法律事務所合夥人暨東吳大學兼任助理教授

摘要

　　我國多元文化的包容、自由創作的環境,是我國厚植文化創意產業的沃土;從憲法保障的角度而言,整個文創產業本身就是言論自由的實踐。針對臺灣文創產業的發展,本文回顧憲法上對於表意自由之保障,整理憲法對表意自由保障的內涵及其管制手段的合憲性界限,進而對反媒體壟斷立法進行省思,觀察目前相對規範密度較低的影視補助措施,探討並檢視吾人文化創意產業究竟需要怎樣的產業政策。針對政府補助規範及行事前審查,而導致箝制特定言論進入市場的結果,於文中提出適度之建議,作為未來政府事前審查發展之參考,期以避免牴觸行政中立、侵害言論自由及限制人民權利或增加義務之虞的疑慮。

關鍵詞：文化創意產業政策、文創產業、事前管制、憲法、言論自由、表意自由、合憲性、大法官、釋字、廣電媒體、媒體整併、反媒體壟斷

壹、前言：我國文創產業之處境

　　近數十年來，臺灣在華人文化圈中，一向扮演著領航者的角色。然而，隨著近年來對岸政經勢力的崛起，臺灣的領航地位也受到挑戰。或以為，在全球的華人文化中，臺灣之具有以下優勢[1]：

一、臺灣擁有海洋文化的特性，移民社會的多元包容特質，具備開放自由的胸襟，開創新局的勇氣，和寬廣的世界觀，充滿追求創新的能量。

二、臺灣擁有深厚的中華文化傳統，教育普及，底蘊溫厚，保存著「溫良恭儉讓」的儒家精神，成為創新的人文基礎。

三、臺灣是華人世界首先實現民主制度的地方。自由創作的環境，自由開創的心靈，是文化創意產業的生命力，也是臺灣創意的源頭。

　　誠然，多元文化的包容、傳統文化的底蘊，以及自由創作的環境，的確是我國厚植文化創意產業的沃土，而根據文化部的統計資料，文化創意產業營業額也從2008年的新臺幣（以下同）6,783億元一路攀升，到了2012年已高達7,574億元[2]。

　　然而，在臺灣文創產業蓬勃發展的同時，也同時具備著隱憂。一方面，中國大陸隨著經濟的突飛猛進，也開始將發展目標由傳統產業、高科技產業，轉向文化創意產業。具體言之，對岸於2013年推出《國民經濟和社會發展第十二個五年規劃綱要》，其中第10篇〈傳承創新、推動文化大發展大繁榮〉即著眼於文化創意產業，並主張「積極繁榮發展文化事業和文化產業，推動文化創新，

---

[1] 國家文化總會，文化創意產業圓桌論壇結案報告，2009，http://cci.culture.tw/cci/upload/law/20100804045309-6c0a4e61e25f7dec798134a9e9579f29.pdf。

[2] 文化部，文化統計數據，2012，http://stat.moc.gov.tw/ImportantPointer.aspx#165。

提高文化產品質量,以創造具有藝術深度又受到群眾喜愛的文化精品。」[3]。另一方面,由於臺灣的經濟進入低度成長、停滯期,過往開放進取的精神似乎逐漸轉為封閉自守。文創產業由於強調文化與創意的呈現,本質上就是個實踐意見表現的產業,故從憲法的角度來說,與其他產業相較,應更加強調多元意見表現的保障,避免政策成為管制或阻礙特定意見進入市場的手段。然而,近年來臺灣卻屢屢出現要求政府干預並打壓特定聲音、媒體的呼聲,「廣播電視壟斷防制與多元維護法」(下稱「反媒體壟斷法」)即為一例。實則,在相對而言較無涉政治的影視協拍政策上,類似的主張或爭議也不少。國際知名導演李安執導的《少年 Pi 的奇幻漂流》和盧貝松導演執導的《露西》兩部電影,分別在臺中市與臺北市取景並受到補助,竟然引發補助前是否應審查電影內容的論戰(林顯明,2014;侯慶莉,2014)[4],更讓人對臺灣自由創作氛圍的消逝而憂心。

---

[3] 文化部,評析中國大陸「十二五」文創產業的發展潛能,文化創意產業推動服務網,2013,網址:http://cci.culture.tw/cci/cci/case_detail.php?c=90&sn=5408,另,同處可見「透過把文化戰略目標區分為公益性文化事業與經營性的文化產業,中國大陸力圖在文化領域進行社會紮根與產業化的雙元性發展。相關重點工作包括以下六項:首先,以農村基層和中西部地區為重點,實施文化惠民工程,建設公共文化服務體係;第二,在群體層次上,開展廣泛性的群眾性文化活動;第三,加強媒體、網際網路等媒體建設,提高傳播能力;第四,扶持公益性文化事業,加強文化遺產保護;第五,透過政府的引導,以市場機制培育核心文化企業和戰略型投資者,同時也鼓勵和引導非公有制經濟進入,發展新型且多元化的文化產業型態,推動文化產業成為國民經濟支柱性產業。最後,在以上基礎之外,也要再進一步透過對外宣傳和文化交流,鼓勵創新文化產業『走出去』,提升國際競爭力。」

[4] 透過電影與電視進行國際行銷,固然是一件好事。但如果電影或電視作品戴著有色眼鏡時,我們則必須謹慎考慮,否則最後好處沒有得到,票房被電影公司賺走,留給全球觀眾的只有扭曲與不真實的城市形象;那就真的賠了夫人又折兵,得不償失了!侯慶莉,《LUCY》醜化臺北?議員批市府白砸錢,TVBS,2014,http://news.tvbs.com.tw/entry/528375;另請參閱,林顯明,電影 LUCY 與臺北城市行銷果效之評析,民報,2014,網址:http://www.peoplenews.tw/news/34790b78-fb57-4d3a-a70e-ee99f2b423ba。

針對臺灣文創產業的發展,本文擬先行回顧憲法上對於表意自由之保障,整理憲法對表意自由保障的內涵及其管制手段的合憲性界限,並進而對反媒體壟斷立法進行省思,進而觀察目前相對規範密度較低的影視補助措施,探討並檢視吾人文化創意產業究竟需要怎樣的產業政策,並希望提出適度之建議,作為未來發展之參考。

貳、表意自由之概念以及事前管制措施的適法性疑慮

一、表意自由之概念

我國憲法第 11 條規定:「人民有言論、講學、著作及出版之自由。」而言論自由(freedom of speech)以及出版自由(freedom of the press)之概念,實則可以用更廣泛之「表意自由」(freedom of expression),亦即所有表達意見之行為,無論管道或方式為何,均應受到憲法之保障而得以免除國家公權力之干涉。或有以為,憲法所以保障言論自由者,乃在於「追求真理」,亦即透過意見之自由交換與激烈有力之辯證,使真理得以脫穎而出[5]。又有以為,憲法保障言論自由之目的,實在於健全民主程序,透過自由之討論,提供社會大眾在參與政治決定時所需之資訊[6]。更有以為,言論自由並非成就其他目的之工具,實則言論自由之基本價值乃在於保障個人之自我發展、實現及滿足,亦即言論自由為天賦之權利,而人本身即為目的[7]。相對於以個人為權利主體之言論自由,廣電自由及新聞自由所欲保障者,即非僅媒體本身之經營自由,而係基於第四權理

---

[5] 林子儀,〈言論自由之理論基礎〉,收於氏著,《言論自由與新聞自由》,初版,第 6 頁,臺北:元照,1999 年。
[6] 同前註,第 24 頁。
[7] 同前註,第 34-35 頁。

論,將媒體作為監督政府之工具,並確保媒體能善盡社會公器之角色[8]。

至於言論及出版自由之範圍,並包括了透過廣電媒體而傳播個人思想之自由,此觀乎司法院大法官釋字第364號解釋之意旨即明:「言論自由為民主憲政之基礎。廣播電視係人民表達思想與言論之重要媒體,可藉以反映公意強化民主,啟迪新知,促進文化、道德、經濟等各方面之發展,其以廣播及電視方式表達言論之自由,為憲法第十一條所保障之範圍。……廣播電視之電波頻率為有限性之公共資源,為免被壟斷與獨占,國家應制定法律,使主管機關對於開放電波頻率之規劃與分配,能依公平合理之原則審慎決定,藉此謀求廣播電視之均衡發展,民眾亦得有更多利用媒體之機會[9]。」

然而,撇開第四權的功能不談,意見的表現縱使不具辯證真理或監督政府的目的,而僅是基於經濟與商業目的而為,亦仍受憲法第11條保障。大法官釋字634號解釋即闡明:「憲法第十一條保障人民之言論自由,乃在保障意見之自由流通,使人民有取得充分資訊及自我實現之機會,經濟性言論所提供之訊息,內容非虛偽不實,或無誤導作用,而有助於消費大眾為經濟上之合理抉擇者,應受憲法言論自由之保障[10]。」然依大法官釋字第623號解釋之見解,國家得依言論性質而有不同之保護範疇及限制之準則,商業言論所提供之訊息,如內容為真實而無誤導性,並以合法交易為目的而有助於消費大眾作出經濟上之合理抉擇者,立法者於符合憲法第23條規定意旨之範圍內,仍得以法律明確規定對之予以適當之限制[11]。

---

[8] 參閱,廖元豪,〈市場等同自由?政府即是公共?———從「公共的言論自由」評衛星頻道換照爭議〉,《臺灣本土法學雜誌》,第74期,第68、71頁,2005年。
[9] 司法院大法官釋字第364號解釋,理由書。
[10] 司法院大法官釋字第634號解釋,理由書。
[11] 司法院大法官釋字第623號解釋,理由書。

此外，司法院大法官釋字第 613 號解釋亦強調，「憲法第十一條所保障之言論自由，其內容包括通訊傳播自由，亦即經營或使用廣播、電視與其他通訊傳播網路等設施，以取得資訊及發表言論之自由」，承認經營媒體以發表言論，亦屬言論自由保障之範疇[12]，該號解釋並指出，「通訊傳播媒體是形成公共意見之媒介與平臺，在自由民主憲政國家，具有監督包括總統、行政、立法、司法、考試與監察等所有行使公權力之國家機關，以及監督以贏取執政權、影響國家政策為目的之政黨之公共功能。」也因為廣電媒體具有國家機關外「第四權」之性質，應被視為「制度性基本權利」，亦即憲法應保障新聞媒體成為現代社會之重要制度，並藉由保障新聞媒體的獨立性、完整性及自主性，以善盡監督政府之功能[13]。值得注意的是，大法官在本號解釋中並強調：「憲法所保障之通訊傳播自由之意義，即非僅止於消極防止國家公權力之侵害，尚進一步積極課予立法者立法義務，經由各種組織、程序與實體規範之設計，以防止資訊壟斷，確保社會多元意見得經由通訊傳播媒體之平臺表達與散布，形成公共討論之自由領域[14]。」

準此，依據釋字第 613 號解釋之見解，立法者針對廣電自由此一制度性保障，負有立法「防止資訊壟斷」及「確保社會多元意見得經由通訊傳播媒體之平臺表達與散布，形成公共討論之自由領域」之義務。實則，通傳會（國家通訊傳播委員會）制定的反媒體壟斷法草案雖然在說明中即引述該號解釋，做為立法之依據。惟查，防止資訊壟斷及促進意見多元化固屬大法官揭示之重要公共利益，而得作為限制廣電自由之依據，然所採取之手段，仍必須符合比

---

[12] 司法院大法官釋字第 613 號解釋，理由書。
[13] 林子儀，同前註 5，第 66 頁。
[14] 司法院大法官釋字第 613 號解釋。

例原則,亦即需仔細衡酌防止資訊壟斷及促進多元化可行之相關手段,並擇其侵害最小者為之,尚非謂國家得秉此公益恣意妄為。

二、言論事前審查的合憲性

(一)事前限制之概念

如前所述,保障言論自由的目的在於追求真理、健全民主程序以及促進個人之自我實現。而不論採取何種學說,均強調意見之流通必須自由、不受節制,尤其不能賦予國家機關透過執照(licensing)或是事前審查(censorship)制度,對特定言論進行篩選,蓋類此針對言論自由進行之「事前限制」(prior restraint),會使得特定的意見無從進入意見之自由市場(free marketplace of ideas),從而妨害資訊之自由流通,進而影響人民知的權利。故論者即指出,如可透過事後追懲達到管制目的者,即不得透過事前審查制度禁止該資訊之流通[15]。

實則,在專制國家,事前審查乃係政府控制輿論之利器,政府透過執照管控,將傳播媒體之經營者侷限於泛公營事業或與政府相近之財團,從而從媒體結構上達到控制輿論之效果[16]。除了透過執照之發放與換照直接控制媒體經營者之身分並直接、間接影響其立場外,對於傳播內容之事前審查更可以達到直接影響內容之目的。

---

[15] Thomas Emerson, *The Doctrine of Prior Restraint*, 20 Law and Contemp. Prob. 648 (1955).

[16] 如英國王室為箝制出版事業,先設置星座法院(The Star Chamber)予以管控;於西元1556年,再設置專門的出版公司進行事前審查,甚至連戲劇之演出,亦須事前取得政府之核准。英國國會更於西元1661年通過「檢查法」(Licensing Act)進一步完備事前審查法制。參閱,法治斌,〈論出版自由與猥褻出版品之管制〉,收於氏著,《人權保障與釋憲法制》,再版,第70、71頁,臺北:月旦。

而相對於「事後追懲制」（subsequent punishment），事前審查因為可以直接防堵特定之言論進入意見之自由市場，從而杜絕人民接觸特定思想，對於人民知的權利傷害尤深[17]。準此，現代民主國家對於任何言論自由之事前限制乃均抱持嚴格審查之態度。

對於言論之事前限制如以主體區分，可能以下列三種型態出現：1. 由行政機關透過執照之核發及廢止、營業之許可及暫停、與內容之審閱；2. 由司法機關透過假處分、禁制令（injunction）或暫時禁制令（temporary restraining order）之方式，禁止特定言論（節目、書籍、文章、影片）之傳播；及 3. 由立法機關立法禁止特定言論之散布（此類立法一般稱為「箝制言論法」〔gag laws〕）[18]。論者指出，言論自由之事前限制具有以下六個特色：1. 在言論得以被社會大眾接收、聽聞之前，即加以禁止；2. 較容易衍生刑事責任，從而濫用（overuse）之可能性較高；3. 其未必賦予表意人近似於刑事訴訟程序之程序保障（procedural protection）；4. 其決定（adjudication）往往係基於抽象（abstract）之判斷標準而作成；5. 不當地影響聽眾資訊之接收；及 6. 不當地將國家權力擴張至私人之領域（individual's sphere）[19]。

林子儀大法官在其針對釋字第644號解釋所發表之協同意見書中即指出，如由政府代替民眾對於言論內容進行篩選，使得

---

[17] 事後追懲制係指在言論發表後，再依據法律對表意人進行刑事之訴追、行政罰或民事之求償，其雖然亦可能造成「寒蟬效應」（chilling effect）從而衝擊言論自由，但畢竟仍容許言論先進入意見之自由市場接受檢驗與辯證，與事前限制完全排除特定言論為眾所知所形成之影響，更為巨大。John D. Zelezny, Communications Law 47-48 (1993).

[18] T. Barton Carter et al., The First Amendment and the Fourth Estate 52 (4th ed. 1988).

[19] Martin H. Redish, *The Proper Role of the Prior Restraint Doctrine in the First Amendment Theory*, 70 Va. L. Rev. 53, 59 (1984).

「唯有其喜好或符合其利益之言論或思想方得以呈現或傳布」,則「與憲法保障人民言論自由之意旨,根本背道而馳」,惟對於言論自由所為之事前限制,如屬內容中性之管制規範(content neutral regulations),亦即所謂「時間、地點及方法」(time, place and manners)之規範,則尚屬合憲;又林子儀大法官並指出,「事前限制是否必要,應依所涉言論內容之性質、言論可能產生負面效果之危險性,以嚴格之標準審查其合憲性」[20]。

(二)出版業之事前限制

由於事前限制對於言論自由戕害過大,美國聯邦最高法院在1931年之 *Near v. Minnesota*[21] 案,即強調「憲法保障言論出版自由之目的即在於防止對於出版的事前限制」("prevent previous restraints upon publication")[22],並進而宣告相關之州法違憲。之後從1938年之 *Lovell v. Griffin*[23] 案、1963年之 *Bantam Books, Inc. v. Sullivan*[24] 案,到2002年的 *Watchtower Bible & Tract Society v. Stratton*[25] 案,美國聯邦最高法院多次針對出版品之事前限制採取嚴格審查之立場。以 *Bantam Books, Inc.* 一案為例,該案中羅德島州(Rhode Island)特別設立少年犯罪防治委員會對於出版品進行審查,一但該委員會認定特定之出版品係屬猥褻(obscene)或可能使青少年腐化(corrupt youth),該委員會即得將其決定公告,並通知出版商及經銷商(副知警方)。即便相關官員僅曾援引相關法規對於出版品之經銷商

---

[20] 司法院大法官釋字第644號解釋,林子儀大法官之協同意見書。
[21] 283 U.S. 697 (1931).
[22] *Id.* at 713.
[23] 303 U.S. 444 (1938).
[24] 372 U.S. 58 (1963).
[25] 536 U.S. 150 (2002).

進行道德勸說,並未依據相關法律對於出版商或任何第三人進行處罰,最高法院仍然認定案爭之羅德島州州法違憲[26]。

(三) 無線廣播電視媒體之事前限制

相對於出版品,針對「無線廣播電視媒體」透過執照制度進行管理則具有其憲法上之正當性。蓋無線廣播電視係利用電子交流流動所產生之電磁能以輸載訊息,電子交流流動產生之電磁能(即電波)約可區分為8個波段,其雖具有取之不盡、用之不竭之特色,然屬於稀有性之天然資源,因為凡是相同或近似頻道均會形成相互干擾之狀況("co-channel interference" and "adjacent channel interference"),如不由政府出面對於頻譜進行分配,則所有之無線廣電頻道都將因相互干擾而無法收聽(視)[27]。秉諸無線廣播電視媒體之特性,美國國會在1927年乃對於「無線廣播法」(Radio Act)進行修訂,創設「聯邦無線電廣播委員會」(Federal Radio Commission)負責頻譜及電臺頻率之分配[28];1934年,美國國會訂定「通訊傳播法」(Communications Act),並創設「聯邦通訊委員會」(Federal Communications Commission, FCC),接手無線廣播電視頻道分配等業務,但並未授予FCC對於無線廣播電視媒體進行事前審查之權限,該法並強調FCC不得「干涉透過無線電廣播所傳遞之言論自由」(interfere with the right of free speech by means of radio communication),而且僅得基於「公共之方便、利益或需要」(public convenience, interest, or necessity)而為管制[29]。

---

[26] Zelezny, *supra* note 17, at 47.

[27] 鄭瑞城等著,《解構廣電媒體:建立廣電新秩序》,第5頁,臺北:澄社,1993年。

[28] 在無線廣播之發展初期,由於電臺數量有限,所以1912年之無線廣播法並未授權政府對於頻譜進行分配,但在1926年後,美國先後成立了約200家的新電臺,造成了嚴重的「相同頻道干擾」以及「相鄰頻道干擾」,於是才促成1927年修法,授權政府對於頻譜跟電臺進行分配管理。李瞻編譯,Donald M. Gillmor著,《傳播法:判例與說明》,第705頁,臺北:政治大學新聞所,1985年。

[29] Zelezny, *supra* note 17, at 419.

詳言之,一般認為,政府對於無線廣電媒體之管理權限,係根植於無線廣電媒體以下之特性:1. 電波屬於公共之天然資源(public natural resources),廣電媒體(broadcasters)僅係電波之公共受託人(public trustees);2. 電波具有侵入性(intrusive),得自行進入閱聽者之家庭;3. 廣電媒體對於受眾影響強大;及 4. 頻譜係屬有限之天然資源,基於「稀有理論」(the scarcity rationale),無線廣播電視媒體本質上即無法容許所有有意願之人進入經營,從而政府得基於「公共之方便、利益或需要」,決定頻道經營權之歸屬。此其中,尤以無線電波之有限性最為關鍵[30]。實則,在 1969 年之 *Red Lion Broadcasting Co. v. F.C.C.* 案[31],美國聯邦最高法院即係基於稀少性理論,肯定聯邦政府對於無線廣播媒體之管制權限[32]。

相同的,我國司法院大法官亦多次基於稀少性原則,肯定國家得立法對於無線廣播電視媒體進行管理。如釋字第 364 號解釋即明確闡釋:「廣播電視之電波頻率為有限性之公共資源,……國家應制定法律,使主管機關對於開放電波頻率之歸化與分配,能依公平合理之原則審慎決定,藉此謀求廣播電視之均衡發展[33]。」大法官在釋字第 678 號解釋復強調:「無線電波頻率屬於全體國民之公共資源,為避免無線電波頻率之使用互相干擾、確保頻率和諧使用之效率,以維護使用電波之秩序及公共資源,增進重要之公共利益,政府自應妥慎管理」。尤值注意者是,大法官針對無線廣播電視之

---

[30] *Id.* 7, at 422.

[31] 395 U.S. 367 (1969).

[32] *Id.* at 387 ("It was this fact, and the chaos which ensued from permitting anyone to use any frequency at whatever power level he wished, which made necessary the enactment of the Radio Act of 1927 and the Communications Act of 1934, as the Court has noted at length before.").

[33] 司法院大法官釋字第 364 號解釋,理由書。

事前審查制度亦表示其「固限制人民使用無線電波頻率之通訊傳播自由」，但「限制手段自有必要，且有助於上開目的之達成，與比例原則尚無牴觸」[34]。

（四）衛星廣播電視及有線電視之事前限制

由於無線電波容易受到高山阻隔或因距離漸遠導致訊號不良，故在 1940 年代出現了社區共同天線電視系統（community antenna television, CATV），亦即社區居民共同斥資架設大型共同天線，用以接收無線電波，經頭端放大後再用同軸纜線分配到社區各個住宅用戶，此即有線電視系統之濫觴[35]。起初，有線電視系統業者僅係電視訊號被動之中繼者（passive relayer），但由於衛星、微波接收站等傳播科技之發展，有線電視系統業者除了傳統的無線電視頻道外，更得以接收數倍於傳統電視頻道之衛星電視頻道之訊號並傳送予用戶，於是有線電視系統業者乃搖身一變成為新的大眾傳播媒體，且由於有線電視業者相當程度上掌控無線電視或衛星電視頻道之上架權，故更有反客為主，成為數位傳播時代真正主導者之趨勢[36]。

相對於無線廣播電視，有線電視系統本無所謂稀少性問題，故政府得否立法透過事前限制之方式要求業者必須先取得執照方得營業即不無疑義。然美國於 1984 年制定「有線傳播政策法」（Cable Communication Policy Act）時，則基於有線電視系統之建制屬於基礎建設之一環，且有線電視系統業者由於在系統鋪設之過程中，

---

[34] 司法院大法官釋字第 678 號解釋，理由書。
[35] 鄭瑞城，《建構健全資訊社會之政策與法制研究》，第 59 頁，臺北：行政院經濟建設委員會，1989 年。
[36] Zelezny, *supra* note 17, at 454.

必須利用街道、電線杆甚至下水道等公共區域（public domain），為避免管線重複鋪設形成資源浪費，乃以一地區僅核發一張有線電視系統特許執照為原則[37]。惟在 1986 年之 *City of Los Angeles v. Preferred Communications, Inc.*[38] 案，最高法院即指出有線電視系統業者之執照發給具有憲法增修條文第一條之意義，地方政府不得恣意否准業者之執照申請[39]。

與有線電視系統業者近似，有線廣播電視頻道及衛星廣播電視頻道亦無所謂頻譜稀少性之壓力，蓋從衛星將信號傳送至有線電視系統頭端，其頻寬即足以容納數千個頻道，而從有線電視系統傳送至用戶的線纜頻寬，復可容納 125 個類比頻道或超過 500 個數位頻道，此與原本僅有三至五臺無線電視頻道相較，相差自不可以道里計[40]。也因此，針對有線廣播電視以及衛星廣播電視頻道業者，政府得否主張享有與無線廣播電視相同之事前管制權限，即非無疑；尤其網際網路的出現以及數位匯流（convergence）的趨勢，更使得廣電媒體之數量大幅成長，更加動搖政府之管制基礎[41]。

按衛星電視頻道由於沒有頻譜稀有性的問題業如前述，故理論上可以容許無限量之業者進入衛星頻道事業，讓市場完全自由競爭。美國目前即有超過 600 個衛星頻道，英國則雖然要求業者取得執

---

[37] 林子儀，同前註5，第95頁；戴智權，有線電視系統業水平整合之競爭政策研究，中華傳播學會2011年年會論文，第18頁，2011，http://ccs.nccu.edu.tw/paperdetail.asp?HP_ID=1315。

[38] 476 U.S. 488 (1986).

[39] *Id.* at 495 ("Respondent's proposed activities would seem to implicate first Amendment interests as do the activities of wireless broadcasters, which were found...").

[40] 曾國峰，〈反思衛星廣播電視換照之程序問題〉，《傳播與管理研究》，第8卷第1期，第125、128頁，2008年。

[41] 周宇修，〈廣電媒體再管制之理論分析與挑戰〉，《憲政時代》，第34卷第3期，第293、298-299頁，2009年。

照,但對於衛星頻道之執照亦無年限之限制[42]。準此,我國目前對於衛星電視頻道之經營權轉讓採取高密度審查者,是否符合憲法保障廣電自由之旨趣,實非無疑。準此,衛星廣播電視法第六條「衛星廣播電視之經營,應申請主管機關許可」之規定,即有檢討之必要。

或有以為,促進言論多元、避免資訊壟斷既然為重大之公益,通傳會自應善用衛星廣播電視法上開規定,以為實質之審查,從而避免媒體經營權集中化,從而形成資訊之壟斷。惟查,衛星廣播電視之執照發給愈形式化、自由化,即得有更多業者得以進入市場競爭,其避免資訊壟斷之效果顯然優於政府嚴格審查。尤有甚者,政府嚴格審查執照之結果,會造成業者投資之障礙,進而降低投資之意願,反而會促成既有媒體業者壟斷現有頻道之局面,是顯見透過執照嚴格管制衛星廣播電視之經營,並無法達到促進言論多元及避免資訊壟斷之目的,甚至反而可能妨害言論多元並造成媒體經營權之壟斷。尤其在先前反媒體巨獸運動中,實不乏針對特定媒體經營者立場而為之攻訐與審查,此顯然已使衛星頻道之執照換發,摻入媒體經營者立場之審查,此顯已觸及言論自由保障之紅線。蓋言論自由之基本精神,即在於不論表意者之立場,均應享有發言之權利。

參、我國媒體產業之發展與整併

臺灣在解除戒嚴之前,由於媒體屬於高度管制事業,所以長期處於少數業者壟斷之局面。無線電視侷限於公營以及黨營的臺灣電視、中國電視以及中華電視三臺,報紙則幾乎由與執政黨立場接近的《中國時報》以及《聯合報》兩大報系壟斷,然處於反對立場的自立報系也有一定程度之市場占有率[43]。當時由於媒體數量受到管

---

[42] 曾國峰,同前註40,第129頁。
[43] 早期臺灣的三家電視臺都具有濃厚的政治色彩,分別代表了黨、政、軍三股勢

制,故不論是電子或平面媒體均可享有相當之市場占有率,營收也因而相當可觀。

在解除戒嚴之後,臺灣各個媒體,從廣播、電視、報紙、雜誌,都呈現爆炸性的成長。在電視媒體的部分,雖然無線電視受限於頻譜的有限性從而僅增加民視及公視,但是配合有線電視系統之出現,臺灣的電視頻道也呈倍數成長,截至今年三月為止,臺灣無線電視臺共有 5 家,無線廣播電臺共有 171 家,有線電視境內及境外頻道合計 278 臺(境內 166 家;境外 112 家),其中新聞臺超過 10 臺,媒體迅速進入戰國時代[44]。然在媒體家數呈現爆炸性成長之同時,臺灣媒體的營收則因為市場的瓜分而逐步下降,從表 1 可以發現,以每頻道的平均收益觀察,我國每頻道平均收入達到 3.57 億,雖與中國大陸(3.68 億)相當,但遠低於韓國的 10.48 億及英國的 11.33 億,顯示「相對於市場規模,我國頻道數過多,大量稀釋各頻道的收入」[45]。

力。臺視在過去是屬於臺灣省政府的電視臺,在 1992 年,官股占臺視總股本的 48.95%;日資占 19.98%;民股占 26.94%;個人持股占 4.13%。……中視起初雖是民營媒體,後因不堪虧損,一些民股撤出,國民黨營事業占總股本提高。在 1992 年,國民黨營的華夏投資公司占中視總股本的 68.23%;其他民股則占 31.77%。……華視具有濃厚的軍方色彩。1992 年,國防部持有 29.76% 的華視股份;教育部占 10.39%。具有濃厚軍方色彩的三家機構:國防部同胞儲蓄委員會、黎明文化公司和華視文教基金會分別占 10.26%、30.66% 和 5.38% 的股權。真正的民股僅有總股本的 13.55%。鄭瑞城等著,同前註 27,第 89、94、98 頁。《自立晚報》在其巔峰時期,在臺灣的晚報市場占有率曾高達七成。楊孟瑜,創辦 54 年臺灣自立晚報停刊,BBC 中文網,2001。http://news.bbc.co.uk/chinese/trad/hi/newsid_1570000/newsid_1577300/1577303.stm。

[44] 國家通訊傳播委員會,通訊傳播事業概況總覽,n.d.。http://www.ncc.gov.tw/chinese/news.aspx?site_content_sn=1966。

[45] 文化部,第二章:電視產業調查,第 95 頁,2011。http://tcm.tier.org.tw/Files/monographic/2011052912251.pdf。

表 1　電視產業國際比較指標 [46]

	臺灣 2011年	美國 2010年	日本 2010年	中國 2011年	香港 2009年	韓國 2010年	英國 2011年
電視播送營收／GDP	0.0077	0.0108	0.0081	0.0058	-	0.0086	0.0082
每頻道平均收入（億新臺幣）	3.57	-	-	3.68	-	10.48	11.33
每頻道平均廣告收入（億新臺幣）	0.93	-	-	2.15	2.51	2.08	-
電視廣告投放量占主要媒體比重	43.1%	-	29.6%	76.5%	34%	28.6%	29%
節目海外銷售收入／電視產業總營收	0.41%	-	0.13%	0.1%	-	2.44%	11.86%
數位有線電視用戶／有線電視用戶數	11.3%	80.2%	-	56.9%	99%	31.4%	-

資料來源：臺灣經濟研究院整理計算。

　　在電子媒體外，平面媒體，尤其是報紙，在解除戒嚴之後也經歷數度的洗牌。從《中時》及《聯合》兩大報系分庭抗禮，到《自由時報》崛起，臺灣報紙曾經十多年維持《自由》、《聯合》及《中時》三大報系鼎立的狀態。但2003年5月，香港壹傳媒進入臺灣，其《蘋果日報》及《壹週刊》迅速掀起一陣旋風，打得臺灣報業措手不及，《自由時報》由於其政治立場鮮明，得以維持相當之市占率，《蘋果日報》則多次宣稱業已成為臺灣第一大報[47]。《中時》

---

[46] 文化部，同前註45。

[47] 《蘋果》與《自由》曾多次競相標榜自己是臺灣第一大報，如就雙方均曾接受財團法人中華民國發行公信會進行發行量稽核之2008年以觀，《自由時報》之日發行量將近70萬份，《蘋果日報》則只有51萬份，《自由時報》顯然仍較占優勢。然由於《蘋果日報》自2009年起即停止接受該會稽核，目前《自由時報》與《蘋果日報》之發行量究竟誰占優勢實無從得知。財團法人中華民國發行公信會，2008全年報紙發行量統計表，2008，http://www.abc.org.tw/img/m2/ABC-2008ns.pdf。

及《聯合》報系一則面臨《蘋果》瓜分市場，一則面臨整體閱報率下降之局面，營收自然受到衝擊，此其中又以《中時》報系尤然[48]。從 2007 年開始，如以「媒體涵蓋率」為基準，網路已經超越報紙，成為臺灣地區民眾僅次於電視的主要消息來源[49]。由表 2 可以發現，報紙的廣告量從 1999 年的 300 億一路下滑，在 2006 年時已經減少一半，但仍有近 142 億，不過 2008 年就跌到 111 億，2009 年更下跌到 100 億，相對於 2006 年減少了 30%，更遑論 2012 年已跌破 100 億而到達 95 億之歷史低點，對於各家平面媒體營收之影響可想而知。

表 2　平面媒體市場廣告量（2006～2012）　　單位：億元[50]

年度	1999	2006	2007	2008	2009	2010	2011	2012
報紙	300	141.71	136.68	110.79	100.09	119.56	106.74	95.22
雜誌	-	63.59	64.47	60.5	50.59	55.5	56.78	53.41

根據記者無國界組織 2014 年的評比，臺灣的新聞自由度在全球排名第 50，小幅落後美國（46 名），但領先韓國（57 名）、日本（第 59 名）、香港（61 名），顯見媒體自由化之後，臺灣的新聞自由已經獲得相當的保障[51]。然而根據愛德曼公關公司 2006 年的

---

[48] 陳炳宏，舊聞新知：臺灣媒體產業的今昔與未來，2012，http://pxc24.blogspot.tw/2012/05/1987-761987715198811-ncc-2007-12-180.html。

[49] 臺北市媒體服務代理商協會，《2012 年臺灣媒體白皮書》，第 11 頁，臺北：作者，2012 年。

[50] 陳炳宏，同前註 48。其中關於 1999 年之數據，係引述自《環球時報》報導，蕭師言、孫香蘭，〈中時晚報停刊臺晚報僅剩 1 家 兩大原因影響發展〉，環球日報，2005，http://ido.3mt.com.cn/pc/200511/20051106245772.shtm；另外關於 2011 及 2012 年之數據，請參閱，張詠琪及陳韻宇，〈2012 全年廣告量分析報告〉，《凱絡媒體周報》，第 677 期，2012，http://www.scribd.com/fullscreen/129220686?access_key=key-10r5ezm1ll7nfzvivhe2。

[51] 2014 年的報告中特別指出，中國挾其經濟實力，業已得以影響香港、澳門及臺灣之媒體；報告中並且特別指出，旺旺集團收購中時媒體集團影響臺灣媒體多元性，Reporters without Borders, Press Freedom Index 2014, available at http://rsf.

調查顯示,臺灣媒體受信賴度只有1%,在亞太敬陪末座;該公司並進一步指出,臺灣媒體民眾信賴度不佳,是因為過於競爭導致偏向腥羶色,形象不好所致[52]。須知,臺灣新聞目前充斥腥羶色、業配、置入性行銷,以及Youtube和行車紀錄器等網路影音的根源,都與媒體壟斷或言論集中無關,而是因為過度競爭導致營收不足所致[53]。根據資策會統計,截至2014年上半年,臺灣約有1,330萬民眾持有智慧型手機或平板電腦,超過全體國民的一半;透過電視收看影音節目的比例仍然最高,為17.9%,但是透過平板電腦、智慧型手機以及視頻網站收看影音節目的比例合計已經高達25.69%(平板電腦:9.31%;智慧型手機:8.33%;視頻網站:8.05%)[54]。如前所述,從2007年開始,如以「媒體涵蓋率」為基準,網路已經超越報紙,成為臺灣地區民眾僅次於電視的主要消息來源;臉書、部落格、網路媒體以及網路論壇等各個網路平臺,已經愈來愈具有領導輿論的能力[55]。而臺灣民眾主要消息來源的電視媒體,有線及無線所有頻道(包含新聞、戲劇、體育、娛樂、電影等等)的平均收視率還不到12%[56]。

由於傳統媒體獲利縮減,兼以配合數位匯流的趨勢,跨媒體的整合即勢在必行。2008年,中時集團受到美國金融海嘯波及,財務陷入困難,原本欲出售給港資壹傳媒,臺灣輿論界為之譁然;旺旺集團董事長蔡衍明在《中時》報系資深報人的穿針引線下,取代壹

---

org/index2014/en-index2014.php。
[52] 王貝林,新聞自由排名 臺灣勝日美,自由電子報,2006,http://www.libertytimes.com.tw/2006/new/oct/25/today-p4.htm。
[53] 葉慶元,臺灣媒體產業走向停滯的開始,論壇新浪潮,2014,http://www.monsoon.org.tw/detail.php?id=56。
[54] 財團法人資訊工業策進會,智慧型手機持有率攀新高 行動影音服務成主流,2014,http://www.iii.org.tw/m/News-more.aspx?id=1367。
[55] 臺北市媒體服務代理商協會,同前註49。
[56] 張純純,〈2012電視收視市場回顧〉,《尼爾森媒體研究月刊》,第2頁,2013,http://www.magazine.org.tw/ImagesUploaded/news/13611679656730.pdf。

傳媒入主中時媒體集團,並改名旺旺中時媒體集團(下稱「旺中媒體集團」)[57]。當時,旺旺集團返鄉入主中時還引起臺灣文化圈一片喝采,為中時集團沒有被以腥羶色著稱的壹傳媒買走感到欣喜。然而,由於經營風格以及政治傾向等因素,旺中媒體集團迅速成為眾矢之的,並曾出現記者辭職並發公開信抨擊蔡衍明之情況,集團形象及公信力都受到傷害[58]。

2010年時,中嘉有線電視系統之股東——外商MBK Partners——意欲出脫持股,獲利了結,乃公開標售其持股,並由旺中媒體集團得標[59]。此一併購案,由於涉及到有線電視系統業者與頻道業者之整合,並且將使旺中媒體集團成為橫跨電子媒體、平面媒體以及有線電視系統之媒體集團,乃引發各界更大之關注,壹傳媒亦與社運團體聯手,發動「反媒體巨獸」及「你好大,我好怕」等運動,反對旺中媒體集團購買MBK Partners在中嘉的持股。通傳

---

[57] 王尚智,米果與蘋果的大戰背後,王尚智的雙城心事,2012,http://blog.nownews.com/article.php?bid=21181&tid=1698105;陳鳳英等著,〈蔡衍明:我不要看到一報獨大!〉,《商業周刊》,第1094期,2008,http://www.businessweekly.com.tw/KArticle.aspx?ID=34935&path=e。

[58] 上月,中時集團內部傳出,蔡衍明公開要求編輯部不得批評馬政府、批評要有據,不准稱馬總統為「宅男」。中視也推出新節目《挑戰面對面,唱旺新臺灣》,在在都是希望中時集團帶頭不要唱衰政府。……去年12月5日下午6時,王毅接見蔡衍明的過程:「會談中,首先由董事長向王毅主任,簡要介紹前不久集團收購臺灣《中國時報》媒體集團的有關情況,董事長稱,此次收購的目的之一,是希望藉助媒體的力量,來推進兩岸關係的進一步發展。」。林倖妃,〈報告主任,我們買了《中時》〉,《天下雜誌》,第416期,2009;黃哲斌,乘著噴射機,我離開《中國時報》,2010,http://blog.chinatimes.com/dander/archive/2010/12/13/579524.html;錢惪時,蔡六四,先別報告主任,自由時報,2012,http://talk.ltn.com.tw/article/paper/559143。

[59] 王秋燕、張家豪,MBK售中嘉八大股權 6隊競標 中嘉22億美元 八大10億美元 遠傳潤泰對決私募基金,蘋果日報,2010,http://www.appledaily.com.tw/appledaily/article/finance/20100730/32698975;張家豪、陳慜蔚、徐毓莉,旺旺 東森 蔡鎮宇 合資700億買中嘉 每收視戶逾6萬元創新天價 旺旺將持股51%,蘋果日報,2010,http://www.appledaily.com.tw/appledaily/article/finance/20101026/32912834/。

會在審議近兩年後,方於 2012 年 7 月底,特別要求旺中媒體集團提出 29 項承諾,並以附加三項停止條件方式有條件通過「旺中併購中嘉案」,要求旺中媒體集團應與中天新聞臺完全切割、中視新聞臺變更為非新聞臺、中視應設立獨立新聞編審制度等三項條件成就後,此併購案才能生效。旺中對於相關附加條件不服,一方面針對相關之條件進行行政訴訟,另一方面也嘗試透過信託等方式達到通傳會之要求,不過通傳會在 2013 年 2 月 21 日認定相關停止條件未成就,駁回了旺中媒體集團之申請,迄今此一併購案之許可處分仍處於尚未生效之狀態[60]。

相對於旺中媒體集團,壹傳媒在 2008 年收購中時集團失敗後,於 2009 年另行創立壹電視,並於同年 8 月向通傳會申請設立新聞臺、資訊綜合臺、娛樂臺、電影臺和體育臺。其中新聞臺和綜合臺之部分,經通傳會長達 16 個月之反覆審查後,2009 年 12 月以「使用動畫表現犯罪行為」和「新聞動畫違反尺度」等理由不予許可[61];娛樂臺、體育臺和電影臺則被以「資料不全」為由被暫緩審議,直到 2010 年 3 月 31 日,在分別經歷 19 個月之審查後,電影臺才獲得執照[62];至於壹電視新聞臺,則是經過三度申請,歷時近兩年,直到 2011 年 7 月 20 日才在壹傳媒提出「性、暴力、裸露情節不做動畫新聞」、「於 6 個月內成立跨媒體倫理委員會」等七項承諾之前提下,方獲得通傳會許可取得衛星廣播電視頻道之執照[63]。至此,壹傳媒在臺灣也成

---

[60] 劉力人等,三條件未達成 旺中案被否決,自由電子報,2013,http://www.libertytimes.com.tw/2013/new/feb/21/today-t1.htm。

[61] 徐毓莉,NCC 駁 2 頻道 壹電視:遺憾,蘋果日報,2009 年 12 月 10 日。

[62] 徐毓莉,壹電視電影臺 審照過關,蘋果日報,2010 年 4 月 1 日。

[63] 七項承諾分別為:1. 壹電視未來播出內容,與 NCC 的帶帶、側錄帶會保持一致,作為最低標準;2. 將於 6 個月內成立跨媒體倫理委員會,加強新聞倫理的監督;3. 制訂引用網路消息為新聞來源的線上新聞製播規範,在 8/1 前送 NCC 備查;4. 壹電視在申設過程所提出的附件或補充,都視為壹電視的承諾;5. 性、暴力、裸露情節不做動畫新聞;6. 動畫會審慎運用,以真實呈現為原則,不替當事人配音,且須經查證,確信情節屬實,才能製作動畫;7. 動畫素材表現手法的比

為跨電子及平面媒體之集團，尤其壹傳媒挾其強大之媒體影響力，已經儼然成為臺灣輿論之引導者。然由於壹電視始終無法獲得有線電視系統業者允諾上架，故各該頻道均僅能透過 MOD 播送，對於集團財務影響甚鉅。由於不堪累虧，2012 年 10 月，壹傳媒集團決定出售在臺之媒體業務，原本係由台塑集團、中信辜家以及旺中媒體集團三方以 175 億共同出資併購，但金管會在 2012 年 11 月提出「媒金分離原則」，禁止中信金集團辜仲諒經營、主導及控制壹傳媒，也不能成為壹傳媒的公司代表人[64]；通傳會在 2013 年 1 月先宣布將進行反媒體壟斷法之立法，2 月再否決旺中媒體集團透過信託達到切割中天新聞臺目的之申請案。最後改由年代董事長練台生以 14 億收購壹電視，這波的媒體整併才暫時告一段落[65]。

肆、政府對媒體以及文化創意產業應有之態度

一、對媒體整併應嚴格管制？

在前幾波媒體整併的過程中，許多學者以及社會運動團體主張政府應該嚴格管制，以避免「媒體壟斷」、「言論集中化」。依據社團法人臺灣數位匯流發展協會 2014 年上半年數位匯流大調查報告顯示，在 2013 年 7 月，國內民眾認為國內媒體有被單一言論壟斷的比例為 58.1%，但到了 2014 年 6 月更有高達 74.3% 的民眾認為國內媒體有被單一言論壟斷，甚至有 70.2% 的民眾認為反媒體壟

例以送 NCC 的樣帶為基準。「性 暴力 裸露 不做動畫」壹電視新聞臺拿到執照，蘋果日報，2011 年 7 月 21 日。

[64] 林楠森，臺金管會否決辜仲諒入主壹傳媒，BBC 中文網，2012，http://www.bbc.co.uk/zhongwen/trad/taiwan_letters/2012/11/121114_tw_nextmedia.shtml。

[65] 林朝億、涂鉅旻，壹傳媒交易案破局 辜王蔡決定退出，新頭殼，2013，http://newtalk.tw/news/2013/03/26/34878.html；鍾慧玲，14 億元 練台生買下壹電視，中時電子報，2013，http://news.chinatimes.com/society/11050301/112013041600140.html。

斷法應該要溯及既往[66]。然而，值得玩味的是，僅管越來越多的民眾認為「國內媒體有被單一壟斷」，但在 2012 年間被反媒體巨獸運動人士點名的旺旺中時媒體集團，其旗下的《中國時報》不但沒有因為集團的雄厚財力取得更高的閱報率，反而呈現每況愈下的趨勢：依 AC 尼爾森的閱報率調查顯示，《中國時報》的昨日閱報率相對於《蘋果》、《自由》、《聯合》等報明顯處於劣勢，以 2013 年第 3 季為例，《中國時報》的昨日閱報率為 4.2%，低於《聯合報》的 5.8%，遠遜於《自由時報》的 12.3%，甚至不及《蘋果日報》15.2% 閱報率的三分之一[67]。今年世新大學的調查更顯示，民眾最常透過網路閱讀的報紙為《蘋果日報》，《聯合報》次之，《自由時報》第三，《中國時報》最低[68]。換言之，旺中媒體集團的影響力與其財力並無正相關。實則，僅管是在黨政軍高度掌控的戒嚴時代，《自立晚報》在《中國時報》與《聯合報》兩大報系的擠壓之下，也曾在臺灣的晚報市場占有率高達七成[69]。準此，從臺灣言論市場的歷史經驗來看，要單一壟斷國內媒體，談何容易？

其實，在媒體百家爭鳴的今日，以上的數據，充分證明了在數位匯流的時代，傳統媒體的整合根本無法產生言論集中化或是壟斷的效果。一般民眾所謂的「國內媒體有被單一壟斷」恐怕僅是單純

---

[66] 社團法人臺灣數位匯流發展協會，《2014 上半年數位匯流大調查報告》，第 110-115 頁，臺北：作者，2014 年。

[67] 張勵德，《蘋果》昨日閱報率 連 12 季奪冠，蘋果日報，2013，http://www.appledaily.com.tw/appledaily/article/headline/20131025/35388827/。

[68] 值得玩味的是，報導中指出：「交叉比較民眾教育程度與對報紙內容的看法，教育程度高者，認為《聯合報》內容最具深度；教育程度低者，認為《自由時報》、《蘋果日報》內容最具深度。」歸鴻亭，世新大學今公佈 2014 媒體風雲排行榜，新網新聞網，2014，http://newnet.tw/newsletter/Comment.aspx?Iinfo=5&iNumber=15083#ixzz3JcMnnzxN。

[69] 《自立晚報》在其巔峰時期，在臺灣的晚報市場占有率曾高達七成。楊孟瑜，創辦 54 年 臺灣自立晚報停刊，BBC 中文網，2001，http://news.bbc.co.uk/chinese/trad/hi/newsid_1570000/newsid_1577300/1577303.stm。

主觀的想像。對此,世新大學新聞學系教授彭懷恩即指出,所謂言論集中或壟斷「根本是假議題」:在網路時代,觀眾是閱聽者也是傳播者,就連有線電視都不可能造成壟斷,閱聽眾不想看,隨時可以轉臺[70]。此外,通傳會官員亦曾公開表示:「媒體所能掌握的是言論通路,但臺灣意見已經相當多元,所有意見都能找到各自的通路」;以反壟斷議題為例,「網路媒體也扮演重要角色。」[71]。正如通傳會在公開說明會提及,如 99% 的民眾均改透過網路蒐集資訊,只剩 1% 的民眾仍收看電視,則電視的壟斷根本不會對於資訊多元化造成影響[72]。

　　於法,媒體執照的審查其實是對言論自由的事前審查,本應以較嚴格的標準,審查是其否符合憲法第 11 條以及第 23 條之規範。然而,令人遺憾的是,整個運動的過程中,輿論顯然是先營造並自我催眠式地想像一個其實並不存在的媒體被單一壟斷的狀態,而主政者也似乎無力嚴正地釐清事實。尤其通傳會屈從民粹式的主張,拿著刀斧進入廣電媒體市場,阻撓自由市場運作機制的媒體整合;文化部更是置身事外,彷彿這場鬧劇與其毫不相干?實則,美國商

---

[70] 莊茉凌等,〈媒體是否壟斷?言論是否集中?〉,《小世界 大文山社區報》,第 5 版,2012 年 12 月 21 日。

[71] 孫偉倫、石世豪:媒體所有權是否影響意見多元 學界意見也不同,今日新聞網,2012,http://www.nownews.com/2012/12/19/301-2883983.htm#ixzz2VrHHR0kU。

[72] 另一方面,在現行審查制度下,仍不斷發生電影臺不斷重播舊片的情形,究其原因,恐非審查制度未能落實,而是惡性競爭的結果:「由於系統業者付給頻道業者的授權金偏低,導致製作公司投資內容意願薄弱,頻道業者轉而向海外購買廉價的節目,『臺灣從最早的港劇,轉而購買日劇、韓劇,最近甚至開始購買泰國劇』。為了壓低營運成本,頻道商節目重播,陳正然表示,AC Neilson2009 年監播資料設定進行查找,周星馳主演電影《唐伯虎點秋香》,2009 年在有線電視一共播出 800 次,重播次數破了歷史紀錄。」,請參見:林上祚,電影臺脫線,重播 800 遍周星馳,中國時報,2010,http://news.chinatimes.com/politics/0,5244,11050202x112010050400098,00.html。

會（American Chamber of Commerce）2012 白皮書中，即指責通傳會針對「國際電視頻道申請頻道營運執照許可及審查、評鑑、換照的時程，實過於繁瑣。」[73]此外，美國商會更指出，臺灣之主管機關針對部分重大投資案常以文件不齊全為理由，不斷要求補件，影響外商投資意願[74]。依據前述言論事前審查的合憲性標準，我國然針對媒體經營權之轉換，尤其是衛星廣播電視頻道經營權之讓與，究竟有無理由採用執照此一事前限制方式加以管制，又對於經營權之變更是否應採取嚴格之審查態度，殊值懷疑。

於理，姑不論特定立場的輿論可能並未意識其所謂媒體被單一壟斷的狀態純屬想像，假設其認為當時被點名的旺旺中時集團以其極低的市占率已可被稱之為「巨獸」，當壹傳媒改由練台生接手，實際上媒體壟斷疑慮更高，但是反對聲浪卻大幅降低，此間態度之反差值玩味。蓋練台生除了擁有年代新聞、MUCH TV、年代東風、JET 綜合臺頻道外，並涉足花東 3 家有線電視系統東台、洄瀾與東亞之經營，且代理三立 3 頻道、非凡 2 頻道、高點 2 頻道、國興、彩虹臺、NHK、民視新聞臺、Discovery 旅遊生活臺、迪士尼、好萊塢電影臺，顯然更有成為媒體巨獸本錢的[75]。尤其，練台生接手壹電視後即進行大規模資遣，甚至因超過 30 日未發放資遣費而遭罰

---

[73] 陳世昌，美商會 2012 臺灣白皮書：NCC 審理電視執照程序過於繁瑣，ETtoday 新聞雲，2012，http://www.ettoday.net/news/20120605/53629.htm#ixzz2VqQgjd77。

[74] 林上祚，審案屢要求補件 卡住投資 美國商會批我不透明，中時電子報，2012，http://tw.news.yahoo.com/%E5%AF%A9%E6%A1%88%E5%B1%A2%E8%A6%81%E6%B1%82%E8%A3%9C%E4%BB%B6-%E5%8D%A1%E4%BD%8F%E6%8A%95%E8%B3%87-%E7%BE%8E%E5%9C%8B%E5%95%86%E6%9C%83%E6%89%B9%E6%88%91%E4%B8%8D%E9%80%8F%E6%98%8E-213000171.html。

[75] Ettoday 東森新聞雲，吃下壹電視後 年代擁 19 頻道學者憂成媒體怪獸，2012，http://www.ettoday.net/news/20121002/109500.htm#ixzz2VqMDwYfY。

鎩[76]。此更彰顯出不相信市場機制，強求政府介入管制媒體整併的結果，只是導致媒體經營效率無法最適化，最後首先受害者，即是媒體的員工。實則，臺灣目前媒體產業真正的問題不在於言論集中化或是壟斷的疑慮，而在於過度競爭導致經費不足、人才外流、水準下降。對反媒體壟斷運動的反思，整個反媒體壟斷運動最讓筆者憂心的，是輿論顯示的，為了除巨獸而後快，可以無視憲法規範而將言論事前審查視為理所當然的氛圍。

值得注意的是，日後國家通訊傳播委員會並非沒有意識到有關法令的違憲疑慮或與國際潮流相悖的問題，然其處理手法卻略顯粗率。該會於2014年11月26日召開第619次委員會議決議，根據「公民與政治權利公約及經濟社會文化權利國際公約」（以下簡稱兩公約）施行法之規範，將不再受理無線廣播電視節目輸出（入）、轉播申請；並擬於修正廣播電視法時，刪除第28條及第29條規定。然在修法之前，因廣播電視法第28條、29條規定有違反兩公約之精神，則以透過「改進行政措施」方式，不再受理無線廣播電視節目輸出（入）、轉播許可申請[77]，成為少數機關主動停止適用有違兩公約法令的罕見案例。然而，在法律尚未修正之前，得否逕以行政措施拒絕適用現行有效之法律，自行免除受理案件之義務，實不無疑義；實則，在機關法定權限尚未改變，而現行法又有違憲可能的情形下，行政機關毋寧仍應依法履行職務，並在解釋與適用法律時，盡可能落實憲法之要求，亦即仍繼續依法受理相關案件，但不

---

[76] 林巧璉，資遣費沒影 裁員已月餘 壹電視將挨罰，自由時報，2013，http://news.ltn.com.tw/news/local/paper/687280。

[77] 國家通訊傳播委員會，NCC不再受理無線廣播電視節目輸出（入）、轉播許可申請，國家通訊傳播委員會，2013，http://www.ncc.gov.tw/Chinese/pda/news_detail.aspx?site_content_sn=8&pages=0&sn_f=32990。該委員會第619次會議紀錄並參見：http://www.ncc.gov.tw/chinese/files/14120/67_33027_141203_1.pdf。

就言論內容為實質審查，毋寧才是較兼顧保障言論自由與法律秩序的作法。

二、政府補助應干涉內容？

如前所述，由於頻道浮濫、營收縮減，臺灣的媒體在大幅開放之後即陷入過度競爭的環境。為求生存，媒體只好走向刪減開支，甚至出售版面供政府或企業進行「置入性行銷」或「業配新聞」的惡性循環，媒體的客觀中立性也隨之淪喪[78]。一般而言，電視新聞置入性行銷可分為四個類型：（一）策劃報導：由電視新聞雜誌節目進行專題報導，詳細介紹產品（政策、候選人、政治人物）之品質、特色、功能等；（二）與公關活動搭配：在新聞報導中直接露出產品行銷活動、選舉活動或政府活動之畫面；（三）新聞話題置入：報導新聞話題時，用某產品品牌、政治人物、政策作例子，將欲行銷的產品、政治人物或政策與新聞話題結合；及（四）談話性節目置入：由主持人及來賓與訪談過程中提到欲行銷的產品、政治人物或政策[79]。由於這不啻容許政府機關在新聞製播前，決定新聞的內容，亦即變相的事前審查，且亦扭轉了政府與媒體的角色——本應受媒體監督的政府，竟得轉身成為媒體的廣告主？由於對於新聞自由的戕害甚鉅，立法院在2011年先修正預算法第62條之一，明定政府不得以任何置入性行銷之方式宣傳政策；通傳會在2012年復訂定「電視節目從事商業置入行銷暫行規範」，限制置入性行銷。

---

[78] 參見，林照真，〈誰在收買媒體？〉，《天下雜誌》，第316期，第120-128頁，2005年。

[79] 蔡樹培，〈電視新聞性置入行銷：行銷視野之探討〉，《中華傳播學刊》，第8期，第3、5頁，2005年。

饒富趣味的是,在廣電媒體對於置入性行銷逐步強化管制的同時,國家以及城市透過電影來進行行銷卻正是方興未艾。當臺北101大樓還是世界第一高樓時,電影《不可能的任務Ⅲ》的劇組曾想來臺北取景,但終因缺乏公部門溝通窗口等因素而只得放棄[80],之後隨著臺北101世界第一高樓的地位已被杜拜塔等建築物取代,這個可能讓臺北高度曝光,且在拍攝期間增加至而成立了臺北市電影委員會[81],而近年來,各縣市也不約而同地成立協拍窗口或提出相關政策補助(表3)。

表3 各地方政府協拍資源一覽表[82]

縣市政府	協拍資源	備註
基隆市政府	成立基隆市政府影視事務委員會 訂有基隆市政府補助影視業者製作拍攝實施要點。	100年度預算遭全數刪除[83]

---

[80] 據稱,另一個因素,是因為當時101大樓出借場地的標準就是謝絕吸毒、色情、暴力與死亡,且縱使同意取景,也可能對劇組提出要求配合事項。依101大樓發言人的說法,之前《臺灣霹靂火》亦曾商借,但101以該劇講述的是家族企業,而101只有跨國企業為由拒絕;此外,港星吳彥祖主演的《如夢》在101的一樓大廳取景,亦被101主動要求導演羅卓瑤加入3秒鐘的大樓外觀定格畫面,藉以強調臺北特色。參見鄭念祖,臺北101太《一ㄥ 阿湯哥謝謝再連絡,自由時報,2008,http://news.ltn.com.tw/news/entertainment/paper/253169。

[81] 張瓊方,影視搭橋,城市行銷,臺灣光華智庫,2010,http://www.taiwan-panorama.com/tw/show_issue.php?id=201069906096c.txt&table=0&h1=%E8%97%9D%E8%A1%93%E6%96%87%E5%8C%96&h2=%E9%9B%BB%E5%BD%B1。

[82] 臺北市影片商業同業公會,各縣市協拍資源一覽表,2011,http://film.org.tw/notes/index.php?mode=data&id=79

[83] 盧賢秀,影視業取景拍片補助 全數被刪,自由時報,2010,https://tw.news.yahoo.com/%E5%BD%B1%E8%A6%96%E6%A5%AD%E5%8F%96%E6%99%AF%E6%8B%8D%E7%89%87%E8%A3%9C%E5%8A%A9-%E5%85%A8%E6%95%B8%E8%A2%AB%E5%88%AA.html。

表3　各地方政府協拍資源一覽表（續）

縣市政府	協拍資源	備註
臺北市政府	成立臺北市電影委員會並設立單一窗口協助影視拍攝。 訂有：「協助影視行銷申請及審查作業要點」、「臺北市影視拍攝協助及補助辦法」、「製片優惠卡申請辦法暨使用規範」，每年度執行電影製作補助計畫。	2008年開始進行電影製作補助；103年度補助款總預算為2,500萬元。[84]
新北市政府	成立新北市協助影視拍攝與發展中心。 訂有「新北市與影視協拍要點」協助電影業者申請拍片場地；另有「新北市電影製作」補助計劃，每年度執行電影製作補助計畫。	單一影片補助上限為500萬元。
新竹縣政府	新竹縣鼓勵優質影視創作輔導實施要點。 每年度執行鼓勵優質影視創作輔導實施計畫並公告輔導金申請辦法。	劇情片補助每案以新臺幣200萬元為上限；紀錄片補助每案以新臺幣150萬元為上限；動畫片補助款每案以新臺幣100萬元為上限；微電影補助款每案以新臺幣50萬為上限。
苗栗縣政府	訂有「苗栗縣政府補助影視業者拍攝影片辦法」。	2011年及2012年均無預算。
臺中市政府	成立臺中市影視委員會。 訂有「臺中市政府補助影視業者拍片取景辦法」、每年度公告2次「臺中市政府新聞局補助影視業者拍片取景申請須知」	100年度臺中市政府核定補助李安導演執導的《少年PI的奇幻漂流》5,900萬元。
彰化縣政府	訂有「彰化縣補助影視業者拍攝影片辦法」。 每年度公告補助影視業者拍攝影片辦法及申請須知。	補助金額每案以新臺幣300萬元為上限，戲劇類及動畫類每集以新臺幣80萬元為上限，廣告片每片以新臺幣50萬元為上限。
南投縣政府	成立南投縣政府獎勵影視業者拍攝影片補助影視委員會。 訂有「南投縣政府獎勵影視業者拍攝影片補助要點」。	補助金額每案以新臺幣200萬元為上限。
嘉義市政府	設有獎勵影視拍攝審查委員會 訂有「嘉義市政府補助影視業者要點」	

---

[84] 臺北市文化局，103年度第1期補助電影製作案即日起開始受理申請，臺北政府文化局，2013，https://www.culture.gov.tw/frontsite/art/newsAction.do?method=viewContentDetail&iscancel=true&contentId=OTExMA==&subMenuId=1402。

表 3　各地方政府協拍資源一覽表（續）

縣市政府	協拍資源	備註
臺南市政府	成立影視支援中心並設有影視委員會。 訂有「臺南市政府補助影視業者拍片取景要點」。	補助金額每案以新臺幣 300 萬元為上限。
高雄市政府	成立高雄市電影事務委員會、拍片支援中心、設補助及投資審查小組。 訂有「高雄市政府文化局補助電影製作執行要點」、「高雄市政府新聞處影視業者拍攝影片住宿補助要點」，每年度執行高市府文化局補助電影製作執行要點實施計畫。	自 2007 年開始電影補助，為地方政府之首例。 得由高雄市文化基金會投資，與電影片製作業者及其他投資者依投資比例分配結算資金，並回存電影發展基金專戶。
屏東縣政府	成立屏東縣電影事務委員會。	未編列預算事項補助經費，然依劇組拍片需求協助尋找境內適合拍片的場景，並辦理前置作業之行政協助[85]。
臺東縣政府	訂有「臺東縣政府影視業者拍攝影片補助要點」。	以隨到隨審方式辦理。

　　臺北市電影委員會成立後，最受矚目的案件，是由盧貝松導演的電影《露西》，該片是臺北市電影委員會 2012 年在坎城影展時，透過大巴黎電影委員會的引薦，與盧貝松的劇組取得聯繫，經過努力爭取，才擊敗亞洲其他城市脫穎而出[86]。在一片中，臺北市的鏡頭約有 50 分鐘，出現臺北 101、中華民國國旗、永樂市場、三總汀

---

[85] 本府因財源拮据，並未編列是項補助經費，將依劇組拍片需求，全力協助尋找本縣境內適合拍片的場景，並辦理前置作業之行政協助，如：函文相關機關借用場地、與相關機關協調（如路權申請、交安維護、垃圾處理等）連繫、與當地居民召開協調會議、座談會，及拍片期間食宿安排或相關資訊蒐集提供、現場突發狀況之處理等等。屏東縣政府，便民服務：常見問答集——來屏東拍片是否有補助？，n.d.，http://www.pthg.gov.tw/tw/Petition_Detail.aspx?s=2344&n=10913。

[86] 葉文忠，Lucy 來了，2014，http://www.ettoday.net/news/20140409/344032.htm。

州院區等場景,並在 70 多個國家播放[87];此外,該劇組除了雇用超過 650 名以上臺灣電影工作者外,也允諾將持續推動跨國劇組來臺拍攝,而拍片過程中,已吸引超過 148 位國內、外媒體前來採訪報導,其行銷城市的效益顯著。

相對於廣電媒體的置入性行銷廣獲批評,透過電影對城市進行置入性行銷的批評也不少,不過是批評「行銷效果不顯著」或「不夠正面」。以電影《露西》為例,因臺北市政府以 3,750 萬專款補助該案,遭部分市議員批評該電影「看不出臺北特色」、「計程車司機也因為不會說英文被槍殺,讓小黃運匠覺得形象被破壞」、「根本看不出來是臺北的哪裡」,進而質疑市府不該補助負面行銷臺北市形象的電影[88]。事實上,不僅外片如此,國片《艋舺》也曾引議員批判,認為凸顯了萬華的負面形象[89]。另以臺中市政府補助電影《少年 Pi 的奇幻漂流》為例,該片接受中央補助 1.5 億元,臺中市政府 5,000 萬元補助,在當地搭建造浪池,然該片從拍攝期間即飽受中市議員的質疑與揶揄,包括:「劇照只見到『汪洋中的一條船』,看不出是臺中,還以為在泰國。」「市府補助的錢沒花在刀口上,還不如讓教育局辦免費營養午餐[90]。」「這個用貨

---

[87] 江慧珺,臺北的進步與友善《露西》讓 70 國看見,中時電子報,2014,http://www.chinatimes.com/newspapers/20140905000375-260107;膝關節,膝關節:從露西看臺北,蘋果日報, 2014, http://m.match.net.tw/pc/news/news/20140814/2518301。

[88] 侯慶莉,同前註 4。

[89] 蘋果即時,抗議鈕承澤獲文化獎 議員指《艋舺》是商業電影,2012,http://www.appledaily.com.tw/realtimenews/article/new/20120915/142499/。

[90] 張士達,少年 Pi 劇組怒批 政客目光短淺,中國時報,2012,https://tw.news.yahoo.com/%e5%b0%91%e5%b9%b4pi%e5%8a%87%e7%b5%84%e6%80%92%e6%89%b9-%e6%94%bf%e5%ac%a2%e7%9b%ae%e5%85%89%e7%9f%ad%e6%b7%ba-213000232.html。

櫃堆砌起來的造浪池就是個大蓄水池,難道是第二個《夢想家》嗎[91]?」

有趣的是,在《少年 Pi 的奇幻漂流》隔年獲獎後,臺中市眾議員們紛紛改口,據報載:「議員謝志忠在 2012 年曾質疑《Pi》未行銷臺中,現在則強調當初並非反對李安,而是負起檢查市府補助影視業者預算之責,『我怎麼會反對臺灣之光李安!』……曾說拍攝時在臺中水楠經貿園區使用的『12 水閘門造浪池』不具觀光效果,恐淪為新夢想家弊案的黃國書,則在體驗過後直呼,這 5 千萬花得有價值……,最令人印象深刻的,莫過於當時挨批後急於澄清,還抱錯大腿的蔡雅玲。他曾表示『我很喜歡李安的電影,尤其是《變臉》。』但變臉是動作片名導吳宇森的作品」[92]。

本文在此並無意以後見之明來指摘或嘲諷政治人物之意,只想要透過上述事實的觀察,指出幾點在探討相關議題時,應有幾個認識:

(一)怎樣才算是有助於城市行銷?與其訴諸於主觀的是否美化或醜化的標準之外,毋寧更應該著重客觀的收視與曝光率等標準,一方面是避免過度干涉創作的內容,一方面從城市行銷的角度而言,影片把城市拍得再美好,如果沒有收視,也是枉然。

(二)包括電影在內的許多文創產業,其產品在事前、事中與事後的呈現落差甚大,如由非專業人士進行事前審查,難免有失之偏頗之虞。

---

[91] Ettoday 東森新聞雲,李安 2 億造浪池如《夢想家》?中市府:國外也來商借,2011,http://www.ettoday.net/news/20111116/7303.htm#ixzz3IJTjYRXV。
[92] Ettoday 東森新聞雲,曾批《少年 PI》如汪洋船 議員謝志忠:幫民眾顧荷包,2013,http://www.ettoday.net/news/20130226/167926.htm。

（三）就國際現實而言，大型商業電影或名導演所執導電影的取景，是世界各大城市競相邀請的目標，有時電影協拍並不只是單純的申請者與政府部門（補助者）間的關係，而是各大城市間的競爭關係。政府機關固然是基於行銷目的而補助電影，但若要劇組將城市行銷的行政目的凌駕於電影本身的考量，實難期待國際知名製作業者或導演配合，且此舉對文化創意亦屬極不尊重。

　　針對類似爭議，藝文界人士則傾向認為：「《露西》是一部電影，並不是一則 90 分鐘的『臺北形象廣告』，因此不論是不是臺北，電影公司、劇組在前製作業時，選擇一個國家、城市、場景都只會用『電影考量』思考，絕對不會把城市形象放在前面，應該說這個東西從來不在他們的拍攝邏輯裡。」[93]；世新大學廣播電影電視學系教授熊杰亦直言：「大導演不會為了你幾千萬而改，我想他的劇本絕對不會因為你而改，因為他是看電影的需要，劇情的需要[94]。」電影學者黃建業也指出：「城市行銷不一定都要是正面題材」，試想：如果當初臺北市政府以民眾反映電影《艋舺》醜化臺北市萬華區[95]，而拒絕提供協助與補助，或甚至是「應民眾要求」刪除涉及暴力或色情的內容，則該片日後恐怕也難獲入選德國第 60 屆柏林影展電影大觀（Panorama）獎項並應邀參展的殊榮，這對文創產業而言，不啻是更大的損失？

　　實則，在討論影視協拍或補助的審查議題時，實不應忘卻電

---

[93] 孫碩，《露西》其實一點都不關臺北的事，狂熱球電影資訊網，2014，http://hypesphere.com/?p=36586。

[94] Ettoday 東森新聞雲，運匠不會英文就被殺！史嘉莉新作《LUCY》被疑醜化臺北浪費投資，2014，http://likenews.tw/article.php?no=8072。

[95] 黃驛淵，國片艋舺 行銷臺北起爭議，中央日報，2009，http://www.cdnews.com.tw/cdnews_site/docDetail.jsp?coluid=141&docid=100985614。

影也是表達意見之重要方式,而應受到憲法表意自由之保障。政府機關對於電影進行補助的目的固然在於城市行銷,而且亦非不能要求申請人提出相關內容以評估成本效益,但所關注的事項應該儘量落在客觀的標準上,例如補助城市在片中的鏡頭時間以及影片中出現補助城市場景數量等等。至於較為主觀層面的,題材是否正面之問題,宜採最低密度之審查,尤其在目前尚無法律授權的情形下,甚至應該避免審查,以免導致箝制特定言論進入市場的後果;而要求影視應機關需求增加或刪除特定內容,不但對於創作極度欠缺尊重,更有直接構成人民限制人民權利或增加義務之虞,尤應避免。

另一個面向的問題,是政府對於影視的補助,有無構成置入性行銷之虞,而應予禁止?本文認為從預算法第 62 條之 1 規定「基於行政中立、維護新聞自由及人民權益」看來,若能維持補助的公平性,則不涉內容審查的影視補助尚非立法當時所擬禁止;反之,若補助同時介入了內容的審查,則反而增加了牴觸行政中立與侵害言論自由的疑慮,而更應予避免。

伍、結語

多元文化的包容、傳統文化的底蘊,以及自由創作的環境,的確是我國厚植文化創意產業的沃土;而從憲法保障的角度而言,整個文創產業本身就是言論自由的實踐,從而如何確保各種意見的多元呈現,更有其重要性。依據學說與歷來大法官解釋的意旨,經營媒體以表達意見,亦屬憲法第 11 條所保障言論自由的範圍。而對於言論內容的事前管制措施,由於可能造成政府恣意箝制特定言論並禁止其進入市場的嚴重後果,屬於對言論自由的嚴重侵害,尤應儘可能地避免。

然而，在反媒體壟斷運動以及反媒體壟斷法草案的過程中，儘管民粹式輿論所宣稱的「國內媒體被單一壟斷」的事實並不存在，主政者仍然迎合地制定了反媒體壟斷法草案，不無輕率地採行了嚴格的事前審查措施。然而，主政者對於國內媒體真正的問題，亦即過度競爭下的品質低落問題及其所生的亂象，不是視若無睹，便是作壁上觀，實令人遺憾。從合目的性的角度而言，補助款既然是公帑，且補助的行政目的在於城市行銷，則要求申請人提供部分影片內容並進行成本效益評估以確保行政任務的達成，似無可厚非。另一方面，如果依規定須參考劇組拍攝期間在當地的花費或增加的工作機會，來決定補助金額或補助上限，則要求申請人提出文件說明在我國預定拍攝或製作地點、預估製作期程、製作團隊介紹、預估製作總成本，乃至於在我國拍攝或製作之預估成本分析及對我國產生之效益等資料[96]，應屬正當。

然而，令人憂心的是，許多地方政府的補助規範，恐怕超越了

---

[96] 例如文化部國外電影片製作業在我國製作電影片補助要點第3點第3項即規定：「經本局核准在我國製作電影片之國外電影片製作業，扣除其申領其他我國政府機關（構）、公營事業及政府捐助成立之財團法人補助後，其在我國支出之電影片製作相關費用，達新臺幣三百萬元以上，得向本局申請下列補助，補助總額以新臺幣三千萬元為上限：（一）該電影片全部或部分在我國拍攝者，補助該電影片在我國拍攝期間僱用我國籍演員、職員人事費用總支出之各百分之三十。（二）該電影片全部或部分在我國拍攝且進行前製或後製作者，補助該電影片在我國拍攝、前製作及後製作等支出之百分之二十五；僱用我國籍演員、職員人事費用總支出之各百分之三十。（三）在我國全部或部分進行前製作、動畫電腦繪圖及後製作七十分鐘以上之2D（3D背景）動畫電影片者，補助該電影片在我國前製、動畫電腦繪圖及後製總支出之百分之二十五；僱用我國籍演員、職員人事費用總支出之各百分之三十。（四）在我國全部或部分進行前製作、動畫電腦繪圖及後製作七十分鐘以上之3D動畫電影片者，補助該電影片在我國前製、動畫電腦繪圖或後製作總支出之百分之二十五；僱用我國籍演員、職員人事費用總支出之各百分之三十。（五）申請前四款補助之國外電影片製作業，得另申請其在我國製作電影片之交通、住宿及拍片期間投保之責任險、為受僱之我國演、職員投保意外險支出費用之百分之十五。」

前述的合理範圍,甚至顯示了過濾特定言論內容的疑慮。以嘉義縣政府獎勵影視拍攝補助要點的規定為例,該要點第 3 點第 2 項規定:「影片須以普遍級、保護級或輔導級方式呈現」,自始排除限制級影視的補助,在欠缺法律授權的情形下,如此規定是否妥當,已不無疑慮;再者,該要點第 5 點規定:「申請影視拍攝補助應檢附下列文件:……五、對本縣田園城市意象推廣之效益評估。」更是啟人疑竇:何以嘉義縣被定位為田園城市?如影片推廣的是當地田園城市以外的意象,是否即被排除在補助之列?

影視協拍或補助的審查,雖非不能基於評估成本效益的目的,要求申請人提出相關內容以便進行評估,但就城市行銷目的而言,所關注的事項應該儘量落在客觀的標準上,例如補助城市在片中的鏡頭時間以及影片中出現補助城市場景數量等等;至於較主觀的,是否美化或醜化的城市之問題,宜採最低密度之審查,尤其在目前尚無法律授權的情形下,更應避免採行事前審查而導致箝制特定言論進入市場的結果;至於要求影視應機關需求增加或刪除特定內容,不但對於創作極度欠缺尊重,更可能形成言論的事前審查機制,而將扼殺言論自由的空間。

文化＋創意及科技應用下之創新、加值與行銷

林富美
世新大學傳播管理學系教授

摘要

　　「不玩舊規則，挑戰與創新」是企業面對產業變化，永續經營的不二法門。當文化、創意與科技應用成為產業創新加值之競爭力，能提升產品之高值化外，也增加了跨業合作的可能，其開展出的產業生產鏈與價值鏈，更可以為企業找到差異化品牌競爭力，也能擴展不同市場的可能媒合。文中以近年來臺灣文化＋創意及科技應用帶動產業創新加值的案例進行分析，探討企業與政府如何運用商品感動力、活動節慶及科技應用等，來發揮市場綜效及產業群聚效果。對市場充滿了不確定性的文化創意產業來說，消費者是用心購物之後，才用頭腦將它合理化，如何透過行銷力，維持其能見度、好感度與黏著力，就成為永續經營的最大關鍵。

關鍵詞：文化、創意、加值、感動經濟、科技應用

壹、前言
一、不玩「舊規則」，突圍與創新

　　創意能點石成金，翻轉困境，化解危機，將不可能變成可能。當企業面臨市場變動與科技創新造成競爭壓力時，如何不玩「舊規則，突圍與創新」，挑戰其能否永續經營或轉型的可能（林靜宜，2011）。

　　以音樂產業來說，面對數位盜版及免費下載，衝擊著實體唱片發行時，挪威天團「Kaizers Orchestra」就運用了創意，在實體唱片發行前，靠著「紙唱片」的行銷策略，讓演唱會大賣，且讓消費者不斷期待下一張新唱片發行。該創意翻轉了實體唱片的危機，並開創演唱會的市場利基（動腦 brain，2011）。

　　此案行銷的成功之處在於掌握粉絲想自己彈給自己聽的內在需求，透過「紙唱片」前導式行銷，成功的讓粉絲透過彈唱，詮釋「Kaizers Orchestra」。這種將自我與音樂融入的感動，能讓粉絲們期待「Kaizers Orchestra」新唱片的發行，並主動參與封面的討論。拿到「紙唱片」的旋律、樂譜時，就如同發現新大陸般的興奮。此舉，也讓挪威音樂學校開始收集學生演奏該曲的不同版本，國家廣播頻道NRK的青年節目《P3》，也鼓勵大家上傳自己的版本到《P3》的官方網站。該活動成為Twitter熱門話題，吸引社群網站寫手的傳播，引發主流媒體報導，發揮了「以小博大」的行銷效果（動腦 brain，2011）。

　　此案成功的關鍵，在掌握了消費者的「參與」與「體驗」，將自己的「感動」與商品融為一體，發揮「邊產邊銷」的行銷效果。在此，商品意義已不是由產製方來定義，融入了消費者體驗參與過程中所產生的喜悅與認同。

二、消費的愉悅與認同

對於消費者來說,「消費」之意涵,已不同於過去。不再只是需求的滿足,而是一種能為「夢想」提供素材,彰顯社會差異,展現個人風格、美感與認同的一種活動(林富美,2012;莊宗憲,1994;黃恆正譯,1988)。

當消費者走進「Dazzing Cafe」、「星巴克」、「The One」時,絕不只是吃點心、喝咖啡,與朋友聚聚餐而已,而是享受著由甜點、咖啡、美食與空間氛圍所形塑的浪漫風情;及透過這些氛圍所架構的一種自我美感、風格與認同(林富美,2012)。

故愛上名牌,已非關該「精品」的產品功效,也不只為虛榮,而是體現了上流社會的身份認同與品味。同樣的商品,有了「品牌」、「名人」(或偶像)的「符號」加持,消費者的感受就是不同(李永熾,1990)。對認同者來說,透過這些「符號」,能找到心靈的依賴與寄託,編織取代性的夢想;能融入同儕間話題、增強歸屬,具尋求認同的積極意義。故衝著這些「符號」所賦予的價值感,消費者願意大方掏出腰包,付出更高的價格(林富美,2012)。

是以當「象徵性交換」(symbolic exchange)成為商品市場主流,消費變成一種言論,如何透過產品「象徵性交換」的加值,讓「美」、「愛」、「認同」等過去無法衡量計算的「價值」,轉換成一種「價格」,格外重要(李永熾,1990;李健鴻,1996;林富美,2012)。

況且,消費者是用心購物之後,才用頭腦將它合理化。故生產的意義已不在提供商品,還需製造商品的「價值」,來吸引消費者內心情感,進而形塑消費者物品意識及生命價值情懷,故「物要

成為商品前,必先成為符號」(林志明譯,1997;林富美,2012;Baudrillard, 1998)。

這種價格等同於價值的商品化論述,締造了品牌認同,能化解企業因科技競爭,商品同質化的危機,為產品的加值創新找到了市場利基,有利資本家持盈保泰、繼續開疆闢土。是以如何掌握消費的符號認同與感動,是「美感經濟」或「感動經濟」關鍵所在(林富美,2012)。

「符號」、「美感」、「風格」與「認同」等如何尋覓?文化加創意,是重要取徑,也是締造產業高值化的重要利器。以下,我們將從政府這幾年如何透過文化與創意的加值,提升產業競爭力,締造高值化的案例進行說明[1];並分析政府與企業如何透過科技應用的導入,發揮文創市場的綜效,發揮人才與產業群聚效果。最後討論在數位時代下,為何行銷與文化經紀格外重要等等。

貳、文化＋創意之商品力及市場類型
一、文化再現的軟實力

文化是國力,擁有無法取代的差異化優勢與競爭力。其內涵,包含歷史、行為、規範、觀念、習俗等所交織的「生活總體」。該特質,讓它歷經不同的時、空交會下,能成就不同的「人、文、地、產、景」的樣貌與精神,順理成章且無法被取代。其獨特、稀有的價值,建立在歷史無法回頭,時、空難以再現,精神與價值只能被傳承,但無法「百分百複製」的優勢上。在國家面對全球化競爭時,最具跨國、跨界的差異化穿透力。這也是為何世界各國,從

---

[1] 本文部分資料與個案內容曾發表於《研考雙月刊》,第 36 卷第 1 期,頁 28-39。全文係經作者再增修後完成。

1980年代之後，競相開展文化產業「軟實力」的關鍵所在（王妍文，2011；吳思華，2004a，2004b；林富美，2012）。

劉維公（2003）認為，文化是經濟帶動者（economic driver）；文化是內容的原創者（content originator）；文化是地方的營造者（place-maker）；文化是地方的行銷者（place-marketer）；文化是創新者（innovator）；文化是觀光的創造者（tourism generator）；文化是社會資本（social capital）基礎。

是以，近年來，中央與地方都大力透過區域性文化資產盤點，建構城市特有「人、文、地、產、景」之產業樣貌與特色，推動文化資產活化與園區閒置空間再利用，以強化在地產業競爭力，提升城市之行銷力，帶動產業創新加值（如圖1）。

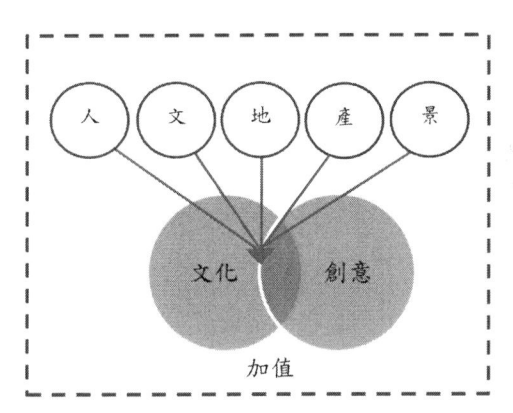

圖1　人、文、地、產、景的文化創意加值
資料來源：林富美，2012：30。

對於臺灣在地企業來說，從草創、成長、茁壯到面臨全球化競爭，每一段歷程與軌跡，交織著不同歷史情境與先人打拼的臺灣精神與人文底蘊。該歷程是企業非常重要的文化資產，是企業特有的

品牌核心價值,能成就企業的品牌故事,是企業行銷的利器,有利消費者的品牌識別,締造永續的品牌認同。

二、文化創意產業的市場類型

當文化+創意成為一門好生意,其市場就有機會開展出如下的三種樣態(吳思華,2004a,2004b;林富美,2012)。

(一) 大量消費,大量生產:即商品具「再製」潛力,類如傳統的唱片發行、出版業、影視娛樂內容商品等。其市場操作的獲利,取決於能否引發大量消費的市場結構。晚近各博物館透過典藏文物之數位再製的「文創商品」也屬之,如典藏在博物館的古地圖、或文物上的紋路、圖文,或一句皇帝批文的「朕知道」,都可以數位授權給不同品類、品項商品應用。進而設計開發出具有典藏文物才有的文化氛圍,加值了居家生活用具、3C產品、裝飾用品及膠帶卷等產品價值,透過定價策略的區隔,常具「高值化」收益。

(二) 少量生產,大量消費:即類如表演、策展的文化經濟活動。一般熟悉的有巨星或偶像所辦的演唱會,或透過朝代、歷史人物或主題的文化展覽活動。該活動一年幾場,但票房效益卻驚人,如天團「五月天」與天后江蕙,一年幾場下來,光是票房就可締造幾億收入。活動進行過程,可以加賣周邊商品,除了「少量生產、大量消費」市場模式外,周邊商品又可以賺取前述立基於再製之「大量消費,大量生產」的商業模式。當然「少量生產,大量消費」之「經濟產值」,取決於觀賞人數多寡(即是否能引發大量消費),故行銷非常重要,行銷做的好,透過巡迴展演,能開展跨區、跨國的市場規模,在人潮也是錢潮下,票房加周邊商品的獲利,不容小覷。

（三）小量生產，高額消費：此類市場是指產品稀少，消費者也稀少，但產值卻很高的型態。一般「限量生產」的精品販售，其市場模式就屬此類。國際知名時尚精品，名牌服飾與袋包等皆屬之。此外，知名藝術家的創作，也會透過單品或限量方式，來提升其價值，創造「高」價格的市場營收。

特別的是，對文化創意產業來說，這三種類型市場可以交互並行，能依其對應的產品屬性與消費群，來訂定產銷策略。過去以創意為核心之文化產製，多屬第三類（少量生產、高額消費）。但該類因經濟規模小，並不符合「產業」量產的市場經濟價值，而透過科技或展場的方式，能結合前二類生產型態（大量生產、大量消費及少量生產、大量消費），讓文化創意產商業運作更積極有效（林富美，2012）。

以音樂產業來說，除了發行實體唱片（大量生產、大量消費），可以辦演唱會（少量生產，大量消費）及發行周邊商品（大量生產、大量消費），也可以透過限量生產的方式將某些紀念商品以少量生產，高額消費方式販售，或以客製化的商演型態（如富豪量身打造的宴會演唱活動），經營少量生產，高額消費的演出場次。

三、科技應用

透過科技應用，提升商品與服務的「高值化」，也是近年產業轉型的一個方法。科技應用的情況一般包含如下：

（一）數位典藏

數位典藏一般係指以數位科技記錄、傳載為基礎，在不破壞原典藏物的前提之下，將珍貴自然文化資產，透過資訊技術，以數位化格式保存、處理、匯集，並進一步加值整合，達到最佳化保存的目的（陳和琴，2001）。

數位典藏的應用範圍廣泛，無論語文藝術、人文社會、自然生態、生活醫療到建築地理等皆有，典藏素材可以加值應用的形式非常多，應用方式類如公仔、圖騰、生活用品、出版物或影音等不同輸出載體的轉化與呈現。

如日本漫畫家村上紀香的《龍》（如圖2），就是運用國家史料，將昭和歷史背景下的達官貴人、百姓及乞丐等人物，描繪得活靈活現。且透過二二六兵變，侵華戰爭等一系列重大事件，將大時代下，各階層的生存對應與權力鬥爭，刻畫得十分寫實，讓讀者彷彿走進那個時代，與當時的各色人物重逢（劉千瑜，2012）。

圖2　村上紀香的《龍》
資料來源：東立 Online，n.d.。

日本《京都漫彩》在2011年3月發生地震海嘯後,為提振觀光產業也運用了歷史素材與漫畫題材,編成觀光漫畫合集。其架構京都的故事,透過漫畫人物,鋪陳了日本熱門必遊的觀光景點,企圖吸引更多觀光客,赴日本觀光,好重振日本觀光產業(轉引自劉千瑜,2012)。

2002年起我國也開始推動國家數位典藏計畫,其整體架構、推動重點如圖3:

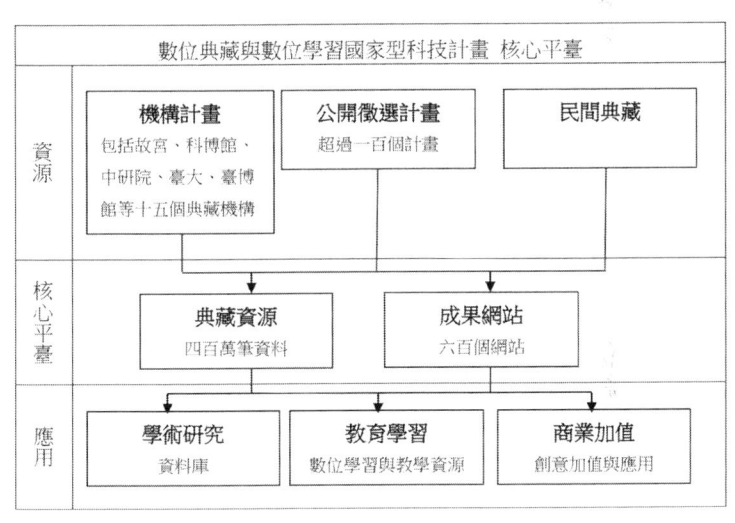

圖3 數位典藏與數位學習國家型科技計畫核心平臺

資料來源:數位典藏與數位學習入口成果網,轉引自劉千瑜,2012:14。

此計畫架構下,以國立故宮博物院為例,為拉近一般民眾與文物典藏的距離,打破過往嚴肅沉悶的刻板印象,邀請了知名導演創作與故宮相關題材的影視作品。對故宮來說,每一件文物,都交織著無法再現的人物、故事與時代意義,其藝術價值是「稀有」、「獨特」,「無法被取代」的。

而近幾年，故宮更透過數位典藏，以數位授權方式提供給廠商開發設計商品。光是數位授權，一年都為國庫賺進不少授權金。而獲得授權廠商，因為有文物典故的文化加持，產品訂價在市場上就具有差異化的競爭區隔，一般都可高於同類型產品 2～3 倍不等，產品生命周期也較同類型產品長，能從「短銷型」變成「長銷型」，發揮長尾效應之市場綜效（林富美，2012）。

透過故宮授權的品類、品項，不再只是一般商品，而是轉身成文化商品。該文化商品，因具有雙品牌的加持（即故宮與授權商品牌），銷售穩定。且隨著品牌市場的穿梭，也讓故宮文物與藝術走進市場，走入庶民生活，帶動社會的生活美學與應用美學的紮根與推廣。在此，文化不只是一門好生意，透過市場驅動，讓國家的文化力有機會傳散與溝通（林富美，2012）。

（二）展示科技應用

2013 年起，如何透過展示科技之加值應用，也成為全世界產業創新重要趨勢，其間如「擴增實境」（Augmented Reality，簡稱 AR）、「3D 與投影技術」、「體感互動」等科技應用，日漸蓬勃（楊惠雯、施智文，2014）。

根據 Markets and Markets 調查發現，「擴增實境」應用趨勢到 2016 年，預估其全球應用市場的產值，將高達 51 億美金。ProQuest SciTech Collection 調查也發現，如何掌握虛擬與真實的互動，將決定科技創新能否領導市場的關鍵。而隨著穿戴式裝置應用，也加速推升了虛擬與真實結合的技術需求（楊惠雯、施智文，2014）。基此，國際大廠針對穿戴式裝置的互動與 AR 技術的發展，其技術布局重點如表 1：

表1　國際大廠互動與 AR 技術的布局重點

項目	顯示技術	互動技術	感測技術
Google	透明面板 投影鍵盤 微投影	手控操作 語音辨識 眼球操控 擴增實境	紅外線光學感測 眼球追蹤
Apple	可撓式顯示 微型投影 透明面板	手控操作 語音辨識 眼球操控 擴增實境	心跳感測帶 指紋辨識 眼球追蹤
Samsung	可撓式顯示 透明面板 3D 立體成像投影 視網膜投影技術	可撓式顯示器介面 語音控制 手勢／眼球操控 擴增實境	眼球追蹤 光學感測 腦波追蹤
Microsoft	透明顯示器 可撓式顯示 透明面板 3D 立體成像投影	語音辨識 手勢操控 肌電感測 UI 擴增實境	眼球追蹤 視網膜掃瞄 光學感測 指紋辨識技術

資料來源：工研院，2014 年 7 月，轉引自楊惠雯、施智文，2014：2。

　　「3D與投影技術」主要應用於展覽活動、教育學習、廣告零售、娛樂表演等會展上的氛圍營造、看板互動及產品功能展示。如2014年金曲獎、霹靂布袋戲的「布袋戲藝術大展」、江蘇南通的「追夢—鄧麗君特展」等等都是「3D與投影技術」具代表性之文創展演實例（楊惠雯、施智文，2014）。

　　而「體感互動」技術的應用，主要以遊戲、動畫、電影、主題樂園及教育學習等為大宗。如大陸重慶的「仙女山好萊塢星際數位動漫主題樂園」，透過高端的投影技術，呈現立體特效全景，打造7D動感遊戲場域，讓遊客能化身為遊戲角色，進入文本內容，參與互動。而知名的萬達集團也在大陸斥資38億人民幣，於武漢打造室內科技電影樂園（含飛行劇場、互動劇場、體驗劇場等），讓遊客透過4D及5D電影，感受不同的體驗（楊惠雯、施智文，2014）。以下將針對近年臺灣將文化＋創意與科技應用技術導入產業，發揮創新加值案例，進行說明。

參、文化＋創意的產業創新案例
一、「米香」文化加持，老店轉型

農業社會，多數家庭在收入窘迫的年代，運用農業經濟作物「米」，作成「爆米香」，是一種經濟又實惠的甜點。所以對老一輩的人來說，看到街頭「爆米香」，會有不少兒時生活的回憶。當時，這樣的生產，也是米食經濟的「加值」應用。然隨著點心、甜點多元化與多樣化的競爭，傳統的「爆米香」，如何透過創意與文化的加持，再創市場接受度與獲利，並不容易（王妍文，2011；林富美，2012）。

「泉利米香」第二代簡志源當初決定回家接手父親生意時，煩惱的是如何面對現有麵包店家的競爭？如何突破麵包店的市場規模？最後他找到「米香」這個產品及其蘊含的文化元素（王妍文，2011；林富美，2012）。

簡志源說：「不要小看這個圓圓的米香，裡面有著說不出的感動價值」。因「米香」過去是嫁娶的喜餅，並與「呷米香嫁好尪」俗諺連結。結婚成家用「米香」當喜餅，傳達著「起家」的好兆頭，表達傳統成家立業的期許與價值感。所以當「米香」變成喜餅時，已不是單純「米香」，而是一種祝福與期許，充滿了幸福的感動（王妍文，2011；林富美，2012）。

然如何在眾多「米香」產品中創造差異化特點？簡志源認為：「再好吃的東西，都要具備地方歸屬感，才能找到根」。而「根」就在「在地化」。所以在「泉利米香」前，加上「基隆」，並將基隆和平島的海藻入味，讓消費者吃米香時，可以感受到基隆的海味。為了表達對新人的祝福，禮盒設計格外講究，無論消費者從哪個切面都能看到大大的「囍」字，打開後，層疊的設計，表達著新人「起

家」的意涵，禮盒中，裝著四色糖、四京果、聘餅、米香等習俗上必備禮品，象徵白頭到老、多子多孫、多福氣等嫁好尪的感動、祝福。該感動，讓「米香」的身價從 100 元變成 1,500 元，成長 15 倍（圖 4）（王妍文，2011；林富美，2012）。

圖 4　文化底蘊加在地連結之高值化
資料來源：林富美，2012：31。

二、產程、工序，說故事

　　一碗炸醬麵，一般市價約 45 ～ 65 元，如何做出頂級差異化特色，讓炸醬麵成為精品，成為媒體眼中的「炸醬麵的香奈兒」，臺北市政府近年推動的品牌臺北商家之一「雙人徐」，短短 4 年間，營業額自 2009 年 300 多萬元，到 2010 年 600 多萬元，今年即將突破千萬元，預計 2012 年突破 1,500 萬元（林富美，2012；臺北市政府產業發展局，2011）。

　　該品牌是由七年級兄弟檔徐君杰、徐君杭先於網路上創業，自創品牌「雙人徐」，銷售自家家傳口味的炸醬麵等麵食類商品為主。品牌核心價值在於回歸消費者對飲食的不變價值「好吃」。為了做到好吃的美食，該品牌強調用「好的食材」，願意降低利潤，提高成本。而承傳自奶奶製作炸醬麵的「工序」，傳達該品牌堅持每一繁雜的細節，腳踏實地的要求，不偷工減料或便宜行事，讓消

費者在吃到該品牌炸醬麵,不再只是一碗炸醬麵,而是透過「醬」與「麵」交鋒下的「工序文化」,使該品牌迅速竄升為炸醬麵中的精品(圖5)(林富美,2012;臺北市政府產業發展局,2011)。

豐稷食品行的「櫻桃爺爺」則是透過對「在地食材」的堅持,提升品牌差異化競爭。創辦人鍾耕宏曾經是高薪的銀行外匯員,由於對吃的一種品味堅持與濃厚興趣,離開高薪的金融業,追尋自己的興趣,投身烘焙業,並創立了自有品牌「櫻桃爺爺」(林富美,2012;臺北市政府產業發展局,2011)。

不論西點、麵包、糖果或特色點心,都堅持使用精選原料與獨創配方,「櫻桃爺爺」對消費者像對家人一般的用心,用美味跟健康照顧消費者。希望讓每個客人在品嘗櫻桃爺爺產品時,感受到的是業者的用心跟滿滿的幸福。這樣的堅持,讓「櫻桃爺爺」不再只是小麵包店,成為臺灣美食的外交官,傳遞臺北的風情與美食文化。不少消費者除了買他的西點、麵包、糖果或特色點心點外,會請他順道帶臺灣在地精選水果原料,讓該品牌成為另類食材的轉運站,意外發展了附加商業模式(林富美,2012;臺北市政府產業發展局,2011)。

工序說故事 ➡ 貼心感動 ➡ 品牌加值

圖5 工序說故事創造品牌加值

資料來源:林富美,2012:32。

三、東方文化品味,錦鯉創新行銷

　　錦鯉,東方品味與財富象徵,過去以日本錦鯉產業獨占全世界。近年來,臺灣錦鯉透過展銷,成功地行銷到荷蘭、德國、美洲等地,每年為國家賺進數億元的外匯(吳昭怡,2010;林富美,2012)。

　　「欣昌錦鯉」的第二代鍾瑩瑩,在家道中落時,臨危接下家裡錦鯉產業。為解決內需市場的萎靡,她決定讓錦鯉外銷。而打開國外市場最快的方式是參與國際有關錦鯉的比賽與展覽。為了讓錦鯉遠渡重洋,她嚴選錦鯉品種,並一手承攬規劃所有錦鯉的配送、運航,降低運送過程風險。每年固定參加至少 5 次的國際錦鯉展覽會,建立起「跨國點對點直銷」模式(圖 6)(吳昭怡,2010;林富美,2012)。

　　一尾錦鯉,在臺灣賣 50 元,到歐洲卻可賣到 3,000 元。如何讓買家買錦鯉不是一條一條的買,而是一池一池的買。喜好藝術的她,透過色彩搭配,讓整池的每一隻錦鯉都能發揮特色。如在紅白相間的錦鯉,放點黑色、金色與藍色作陪,使客人本來只想買幾隻魚,但單獨看又覺得哪裡不對勁,最後整池買走。在參展過程中,她更透過東方藝術與美學的基底,論述整池魚的「氣韻生動」與「風水哲理」。原本平靜無波的池面,飼料一下,成千隻燦爛的錦鯉突然湧出水面,紅色、橘色、黑色、白色、金色等魚身交疊,劈啪作響,仿如蔡國強的爆破創作,充滿無法預期的驚喜。讓老外不是買了錦鯉,而是錦鯉背後表達的東方品味與文化,成功的讓消費者將錦鯉視為藝術品般的寵物。除荷蘭、德國,更遠銷到挪威、丹麥、馬達加斯加、克羅埃西亞等地。使「欣昌錦鯉」營業額,有八成來自外銷,將傳統內銷錦鯉產業,成功推向國際(吳昭怡,2010;林富美,2012)。

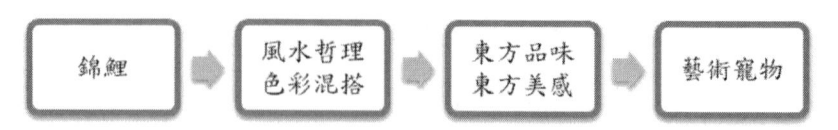

錦鯉 → 風水哲理 色彩混搭 → 東方品味 東方美感 → 藝術寵物

圖 6　東風美學品味下的藝術寵物
資料來源：林富美，2012：33。

四、影視傳奇

　　影視產業為全球高經濟產值的產業之一，被視為文化創意產業的火車頭。影視文本消費，是許多現代人生活不可或缺的乙部分。其影響性與消費層面，能跨越年齡、性別、種族與國界。成功的影視文本，除反映文本表達經驗、習慣與價值，透過觀賞經驗，會成為那個時代的集體記憶（林富美，2012）。

　　該集體記憶與偶像認同，非但能將文化與創意推向全世界，隨著文本所擴散的產業效應及經濟產值，或恐較一般產業，更具競爭力。以近年影視產業表現優異的韓國來說，根據南韓國稅單位的資料，韓星張東健，年收入將近 2 億多臺幣（林富美，2012）。

　　韓劇《大長今》的李英愛，一集酬勞約 32 萬臺幣的價錢；《浪漫滿屋》的宋慧喬每集 48 萬臺幣，《悲傷戀歌》金喜善和權相佑則一集高達 64 萬臺幣的酬勞。2014 年《來自星星的你》在韓國及中國視頻網站愛奇藝播出後，短短 4 個月就衍生出近新臺幣 900 億元的經濟效益（全球藝評，2014；林富美，2012；郭子苓，2014）。

　　至於人氣指數最高的裴勇俊，拍一支廣告，片酬以「億」為單位計價，其年薪，韓國報紙以「天文數字」形容。其一人帶給南韓的經濟收益就有 1 億兆 1,960 億元，這數字如果換成服貿產值，那可能要達 100 年以上才能做到（TVBS，2005；全球藝評，2014；林富美，2012）。

天王周杰倫，在臺灣、香港、新加坡及大陸市場，演唱會行情，一場約 15 萬美金，商演一場 10 萬美金起跳，若加上代言、版權金，依媒體披露，2012 年迄今每年賺進 5～7 億新臺幣。2011 年大陸網路票選對中國人民最有影響力的文化人來說，前 10 名中就有 3 個臺灣音樂人，影響力不容小覷（中國新聞網，2013；林富美，2012；蘋果娛樂新聞，2011）。

　　有鑒於兩岸交流下中國熱、臺灣熱，文化部規劃將臺灣影視、流行音樂、設計、茶生活等四大文創產業，帶頭進軍大陸、走向世界。國片《那些年，我們一起追的女孩》在臺港分別創造 4 億、2 億元票房，顯示臺灣生產感動文本與明星，仍具競爭優勢（林富美，2012；邱莉玲，2011）。

　　大陸年輕人喜歡臺灣偶像劇，如《下一站，幸福》、《海派甜心》、《命中註定我愛你》、《犀利人妻》、《我可能不會愛你》、《小資女孩向前衝》等，迄今都是大陸視頻網「優酷網」的熱門排行。大陸人從臺灣流行音樂認識臺灣，更從偶像劇中嚮往臺灣的美景與美食。透過 Discovery 旅遊頻道的介紹，大陸人來臺灣，總不忘臺灣的吃、喝、玩、樂。「瘋臺灣」的趨勢下，光是北京，「臺灣一條街」就有好幾處。鼎泰豐、阿宗麵線、欣葉、鹿港小鎮等臺灣味，成為時尚。海外粉絲到臺灣，總不忘帶回幾件五月天及羅志祥設計的「潮牌」服飾，五月天阿信的店，相繼跨海到香港、上海與日本開分店（吳小敏，2014；吳伯雄，2010；林富美，2012）。

　　依據《國際廣告》所做的調查，大陸人從穿的鞋子、吃的火鍋、騎的單車、炒菜用的葵花油、過節送的禮盒，臺灣品牌都有前十名。鐵蛋、麻糬、珍奶是大陸人來臺必買的美食。透過影視文本傳散的臺灣人生活型態，是臺灣重要的軟實力（圖 7）（吳小敏，2014；吳伯雄，2010；林富美，2012）。

依文化部分析，臺灣接著要努力的是「集產力」，透過達人操盤，推動投資「平臺」式文創企業，讓文創產業有更多資金投入。知名製作人王偉忠籌組華星公司，透過星光大道選秀節目挖掘歌手、演員、創作者，4年培養22組歌手發片38張，並獲得富蘭克林創投、國發基金的搭配投資，都是好的開始（林富美，2012；邱莉玲，2011）。

```
影視〔音樂〕    觀賞者集體記    瘋台灣          文化產業加值
文化          憶認同          台灣生活時尚
```

圖7　影視文本加值模式

資料來源：林富美，2012：34。

肆、數位典藏之加值應用

一、數位案例分析

而為拉近歷史文物與社會大眾距離，2005年國立故宮博物院，打破過往嚴肅沉悶的刻板印象，邀請了侯孝賢、王小棣與鄭文堂三位導演創作故宮相關題材的三部影視作品。

其中由王小棣執導的紀錄片《歷史典藏的新生命》，記錄音樂家諸大明、藝術家羅森豪、日本舞臺及服裝設計師伊藤佐智子（Ito Sachico）、荷蘭動畫家傑瑞・范・戴克（Gerrit Van Dijk）、法國陶藝家裘安・吉赫（Jean Girel）等。瞭解故宮文物對其創作的啟發。企圖透過這些人生命歷程，探討文物、藝術品對個體生命的滲透力，其能量如何影響藝術家創作，為故宮尋找生命與藝術延展的品牌定位（轉引自劉千瑜，2012）。

侯孝賢的《盛世裡的工匠記憶》，則是透過故宮典藏的明、清文物，呈現古代工匠技藝的精湛和人文精神。而鄭文堂執導的《經過》（如圖8），是國內首部在故宮拍攝的電影，該片以蘇軾的《寒食帖》為主軸，描繪桂綸鎂、戴立忍和蔭山征彥三位年輕人，一段關於時間、記憶的美麗「經過」。為了此片，故宮博物院不僅提供場地，以及蘇東坡的《寒食帖》當道具，還開啟了故宮後山收藏珍貴文物的山洞（轉引自劉千瑜，2012）。

圖8　《經過》宣傳海報
資料來源：財團法人國家電影中心，2006。

　　2011年，全力出版社也與臺灣歷史博物館推出漫畫《1945夏末》。透過嚴密的考證，以簡單易懂的漫畫，搭配卷末深入淺出的典故與解說，詮釋二次大戰的戰火延燒到臺灣時，臺灣女性的思考、教育與生活，及如何勇敢堅韌地面對苦難的現實。

　　交通大學資訊科學系執行了漫畫數位典藏之加值應用，以漫畫家劉興欽、葉宏甲與牛哥的系列作品為主軸，建構漫畫圖鑑與電子書，融合了漫畫家簡介、臺灣歷史、民俗、風土、旅遊等豐富內容，讓過

去風靡臺灣的漫畫角色：阿三哥、大嬸婆、諸葛四郎、真平、牛伯伯及牛小妹等，重現於網路世界（圖9）（轉引自劉千瑜，2012）。

圖9　劉興欽、葉宏甲與牛哥的漫畫人物集合
資料來源：數位典藏國家型科技計畫，n.d.。

而為了展現文化生動有趣的不同面貌，數位典藏計劃建構了數位核心平臺，在加值應用的示範專題中製作了一系列成果入口網導覽專刊（*Creative Comic Collection*）。並以史料為題材製作漫畫集，將歷史文化內涵，跳脫數位領域，透過加值應用的漫畫形式實體呈現，把冰冷的研究資料轉化成有趣的漫畫圖文形式出刊，其創新的文化商業模式，開創數位典點藏運用的新例（劉千瑜，2012）。

二、展示科技應用案例

2012年起迄今，經濟部已連續多年委託「財團法人資訊工業策進會」執行「展示科技應用服務發展計畫」。一方面盤點國內重要展示科技應用的個案參加國際競賽，也輔導廠商透過展示科技應用提升創新性服務。

其中，龍巖品牌館（樂亦凡作品），以泰戈爾的詩句為設計靈感，設計龍巖品牌館，將傳統的沙盤模型精緻化、數位化，讓靜

態的想像化為動態表演,並創作一壓克利真龍殿模型,透過燈光照明,營造彷彿在美術館欣賞藝術品的氛圍。該作品2012年獲IF設計獎的肯定。設計上有效整合空間、互動裝置、創意內容及展示科技,打破一般嚴肅刻版印象,讓參與者體驗平靜、莊嚴的感動體驗。

頑石創意股份有限公司,2013年推出「圓明園——大清皇帝最美的夢」,以臺灣特有的文化背景與觀點,搭配5大科技場商技術,運用多媒體技術,詮釋清朝盛世的圓明園,帶領民眾穿越時空,體驗圓明園繁華景象,展項中的「十二獸首噴水鐘」,參加2014 IF競賽(楊惠雯、施智文,2014)。

「2013 Computex」活動中,資策會與國貿局合作「臺灣觸控主題館」(Taiwan Touch Showcase),以觸控產業供應鏈與觸控情境展現為創意方向,應用「互動觸控桌」、「觸控投影牆」、「人型投影立牌」等,吸引三千多人次參觀體驗,提升參展品牌能見度,策展單位並受邀於大陸上海、南京參展機會(楊惠雯、施智文,2014)。

2014年「世界巧克力夢公園股份有限公司」,於新北市淡水區漁人碼頭成立「世界巧克力夢公園」主題樂園,透過互動科技,打造「巧克力愛情許願池互動裝置」,讓民眾透過現場ipad與65吋的電視進行多螢互動,進行許願,推動1個月間,參體驗人數高達2萬人次,營業額至少560萬元,加上周邊餐飲與文創商品,共計締造近810萬元營業收入(楊惠雯、施智文,2014)。

伍、綜效與群聚的締造

一、節慶活動的產業綜效

當文化成為產業,其運作是以商業創造產值、市場分工協作鏈

的轉換與串聯，發揮產業綜效。然如何以文化內容的創造為核心，通過市場化和產業化的組織，大規模提供文化產品和文化服務的經濟型態，涉及文化產品（核心）、市場效益（產業化能力）、產業協作鏈（運作流程）等三個面向（林富美，2012；花建，2005）。

文化節慶，近年來被視為是創造此鏈結最有效的一種方式（圖10）（林富美，2012）。如客委會的「客家桐花祭」，透過一朵原無任何經濟價值的桐花，帶動了12縣市客庄文化扎根、社區的總體營造、觀光與在地產業的蓬勃發展，創造了數百億的商機和提升客家鄉親的認同感（俞龍通，2008）。

在政府與民間通力合作下，大甲媽祖遶境進香活動的經濟效益逐年成長。以「臺中媽祖國際觀光文化節」為例，臺中市政府在大臺中29個行政區，展開一系列精彩熱鬧的活動，舉辦超過百場橫跨傳統、現代、國際與在地的活動。該節慶共開展出信仰文化、武藝文化、戲曲文化、產業文化、藝術文化、觀光旅遊文化及學術文化等7個產業鏈，藉由主軸帶動相關觀光旅遊、宗教朝拜、藝術展演、學術研究、地方產業再升級等各項活動，將文化的深度與廣度，帶入此活動中（林富美，2012；鍾文萍，2011）。

該活動除了原有的媽祖進香遶境外，並結合武術精英表演、百年糕餅嘉年華、臺灣工藝美學展、萬眾祈福BIKE媽祖、53莊傳統武藝、獅藝大匯演及全國中華盃舞龍舞獅錦標賽等活動，多元的組合，架構出媽祖文化節的豐富內涵（林富美，2012；鍾文萍，2011）。

有趣的是媽祖鑾轎設有GPS定位系統，信徒可透過鎮瀾宮官方網站，隨時掌握鑾轎行進最新狀況，吸引了年輕一代及國際人士前來，使該活動成為回教麥加朝聖及印度教恆河洗禮外，世界三大宗

教盛事,贏得聯合國教科文組織的重視,登錄於世界非物質文化遺產名冊中(林富美,2012;鍾文萍,2011)。

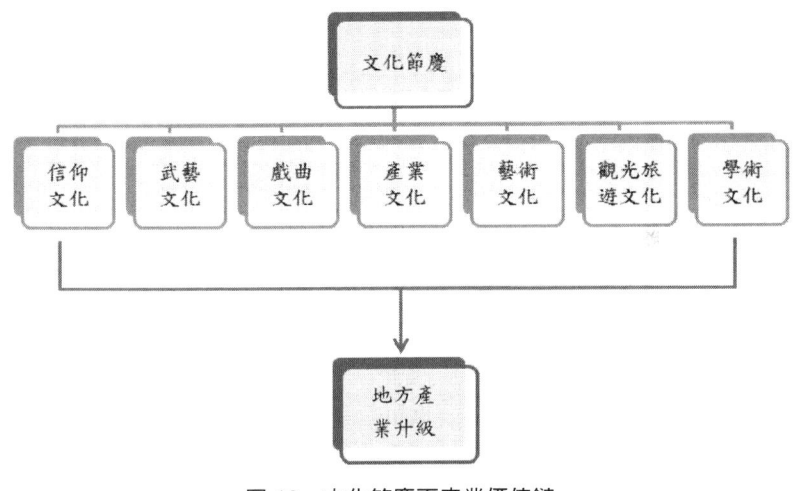

```
                    文化節慶
        ┌────┬────┬────┼────┬────┬────┐
      信仰  武藝  戲曲  產業  藝術  觀光旅 學術
      文化  文化  文化  文化  文化  遊文化 文化
        └────┴────┴────┬────┴────┴────┘
                      ▼
                    地方產
                    業升級
```

圖 10　文化節慶下產業價值鏈

資料來源:林富美,2012:35。

二、政府的角色與作為

　　政府,在推動文化創意產業過程中,扮演著重要角色。2001 年韓國政府訂定「發展韓流」文化產業方案,成立韓國文化振興學院,以「韓流」為名,傾全國之力推動影視、動漫、音樂、手機與網路等文化內容產業。2013 年韓國文化體育觀光部統計,韓國文化創意產業產值達到 91.53 萬億韓元(約合 855 億美元),增長了 4.9%;其中出口額 50.9 億美元,增長 10.6%(李幸倫、林富美,2014)。

　　政府近年各部會也都積極投入,經濟部品牌商圈與臺灣流行時尚高值化輔導,及文化部影視產業導入創投資金的努力等等,都

展現高度企圖心。推動華人市場 MIT（Made in Tawan）品牌，也成為臺灣在兩岸互動中，看得到的差異化優勢與競爭力（林富美，2012）。

臺灣文化創意產業之優勢在臺灣的創意人資，如何透過資源的投入與人才資料庫的平臺建置，讓臺灣的人才可以展現於國際舞臺，需政府長期持續帶動與幫助。而 ECFA 的簽署，也為兩岸帶來更多合作互動的機制。臺灣名品展近年在大陸已造成風潮，2010 年開始，外貿協會陸續在南京、北京、廈門、東莞、杭州、重慶等辦臺灣名品展。其中，南京名品展共有 750 家參展商、1,900 個攤位、4 千名臺商、3 萬項商品，4 天展期吸引超過 1 萬 2 千名專業買主，爭取到 7.7 億美元商機。南京名品展後由於反應太好，南京市政府立即批地，蓋「臺灣名品城」，規模 600～1,000 家臺灣小企業進駐，南僑、萬益豆干、新陽、將門、丸莊、牛頭牌等紛紛進駐，一年估計有上百萬人民幣商機；2010 年已正式營運，北京的「臺灣印象」，可容納 500 家廠商進駐。名城成為臺商在大陸的倉儲據點，降低物流與人力管銷，展銷通路的開發，是政府透過組織協會，開創市場的成功模式（吳伯雄，2010；林富美，2012）。

三、善用臺灣的科技優勢

數位科技是臺灣的產業優勢，透過科技與藝術的融合，能將文創內容再加值化。上海世博一幅《會動的清明上河圖》，讓世人見證科技與藝術跨界融合的創意與驚嘆。古畫人物栩栩如生，擬像真實與觀賞者當下所處的真實並置交錯，讓觀展者體驗不同於過往的觀展經驗，更具親和性與趣味性，打破了年齡、性別、教育與社會階級位置欣賞藝術產生的隔閡與差異（朱宗慶，2011；林富美，2012）。

而文化藝術的創新與科技技術的研發是臺灣的優勢，若能結合，是臺灣文創產業走向國際的使力點。早在 2005 年，有關機構已研發《名畫大發現——清明上河圖》，該圖結合了複雜的互動式科技，將臺北故宮典藏的清院本名畫數位化，具模擬打開卷軸、放大動態影片之視覺效果，卻因缺乏後續資源挹注而停滯（朱宗慶，2011；林富美，2012）。

臺灣文創中心，2011 年就透過科技技術，從故宮典藏的南宋文物中，找出該時代的色彩——「南宋黃」。透過與世界色彩體系標準化調色的技轉接軌，找出具歷史色彩差異化的色彩 DNA，未來可以透過設計界應用最廣的色彩授權，為品牌加值，讓歷史留下的顏色成為一種文化品牌，然該構想是否能順利推動，關鍵點仍在故宮的政策（林富美，2012）。

前述國家數位典藏計畫所推動的《CCC 創作集》，其核心價值在於其充分運用國家數位典藏素材，將艱澀難懂缺乏趣味性的人文歷史資料，透過漫畫轉化成有趣的故事，豐富的不僅是其加值的內涵，包括其如何網羅人力，找到適合的漫畫家、繪者或插畫家進行詮釋創作；在每一期的漫畫主題下功夫，利用歷時性的資料蒐集進而呈現其豐富內涵（劉千瑜，2012）。

劉千瑜（2012）研究發現：以《CCC 創作集》來說，為測試市場溫度，1～4 期採用免費的方式，在各大同人誌會場，讓民眾免費索取，第 5 期找到適合的出版商「蓋亞文化」代理發行。該模式商業優勢如下（劉千瑜，2012）。

（一）透過免費，測試市場

《CCC 創作集》一開始本就不是以商業利益為導向，主要是以推廣、示範加值應用為考量，因此 1～4 期以免費的形式在臺灣各

大同人誌會場發送，每一期各印製 5,000 本、發完為止。免費進入市場的策略奏效，《CCC 創作集》有其市場接受度，反應於產品詢問度及社群曝光度，迅速提升。

而加上選擇同人誌會展為切入點，目標鎖定漫畫同好，該市場策略奏效，為產品場的開展找到一條安全路徑。

（二）群聚下市場綜效

《CCC 創作集》計畫團隊的行銷策略，是力邀同人界中具知名度的漫畫家及插畫家加入《CCC 創作集》的創作團隊，共同製作內容，能達到創作者群聚的產銷效果。

再加上不同的同人誌的創作者，本身就擁有自己的讀者群，當這些創作者將作品匯聚在《CCC 創作集》的刊物中，這等於是凝聚讀者群的力量，能發揮 1 ＋ 1 大於 2 的綜效，口碑行銷的效益，也隨之迅速擴散。

（三）漫畫家初試啼聲的機會

市場的免費策略及群聚市場綜效，讓初試啼聲漫畫家有市場曝光的機會。許多漫畫家後來獲得出版社的青睞，後續也透過出版社發行了單行本的個人創作。

《CCC 創作集》，順勢活絡了臺灣本土漫畫市場，許多漫畫及插畫家也紛將個人創作送印，在同人誌及網路通路進行銷售（圖 11）（劉千瑜，2012）。

文化＋創意及科技應用下之創新、加值與行銷 | 135

圖 11 《CCC》漫畫及插畫家的個人創作
資料來源：數位典藏與數位學習成果入口網；轉引自劉千瑜，2012：69。

四、行銷，市場勝出的關鍵

（一）市場不確定性預防

　　對於消費者來說，文化商品的「消費」，是非理性的感性消費。當文化變成一種商品，發展成一種產業時，商品的「象徵性交換」才是市場交換的真正驅動力。文化論述是締造商品加值的一種言論，該言論讓「美」、「藝術」、「認同」等轉化成可以體驗的「感動」。將過去無法衡量計算的「文化價值」，透過創意、創新的融合，轉換成一種「交易價格」，成就了文化創意產業的產值（林富美，2012）。

但這種本質意在吸引消費者內心情感的「體驗性產品」，市場充滿了不確定性。因此文化行銷專家指出此種消費，消費者是用心購物之後才用頭腦將它合理化。透過文化符號，其交換價值與使用價值間的關係，正如同能指與所指間的關係，可以擺佈、控制與建構，其間充滿了「意義流動模式」（林富美，2012；McCracken, 1988）。故如何永續經營，強化消費者對該產品化品牌的忠誠度與黏著力，就顯得格外重要。

為因應這種市場不確定性，文化產業之產銷，必須不斷多方嘗試，大量生產以平衡失敗與暢銷作。透過明星、類型化與系列產品來降低風險。並透過擴大市場規模整合，透過併購或策略聯盟，掌握市場。該發展對產業的影響是「大者恆大」，小公司將越來越無法生存，淪為大公司外包產業。如何讓臺灣在全球文創產業中，壯大自我產業規模，不會淪為大國、大公司的文創外包代工，政府需有更積極的產業作為（林富美，2012）。

（二）360度整合行銷

如何強化行銷力，也是產業發展的關鍵因素。為因應文化創意產業市場的不確定性，整合文化產業產製的相關領域，穿梭於不同載體，進行360度整合交叉宣傳，是當今運用的宣傳策略。

以音樂產銷為例，媒體關係關乎市場成敗，電子媒體對於強化歌手、產品核心價值及帶動商品圈市場效能，最具成效。電子媒體能成就流行歌曲創作、演出和傳播的最佳條件，加上電影、電視和廣告等領域間交流和相互滲透，有利於流行歌曲綜合各領域，廣泛影響其閱聽眾，發揮唱片、影視與企業產生市場共棲共生交叉效應（林富美，2006）。

如SHE，成為品牌後，只要跟SHE有關的東西都會賣，所以

現在 7-11 商店出了很多 SHE 的商品，就是運用 SHE 核心價值，開創附加產品圈。另外常見是專輯搭新產品廣告，如每日 C 或機車廣告，一起推出，可以節省很多行銷預算，互蒙其利；或在 MTV 時段購買上，露出其商品，或在專輯 CD 盒裡，秀出其商品（林富美，2006）。

（三）社群行銷的威力

歌手卡卡（Lady Gaga）就因善用社群網站行銷，讓自己的人氣，維持不墜的一個例子。BBC 電臺臺長就指出，卡卡十分懂得運用時尚與社交網站。當她以不同樣貌出現於公共場合時，都會被別人拍下，迅速在網路上傳播，加上社群熱烈回應，打造卡卡的影響力，使她在 Twitter、臉書及 YouTube 網站總人氣指數，超越美國總統（林富美、蕭宏祺，2013；洪佳儒，2011）。

為促銷專輯，和臉書遊戲「農場鄉村」（FarmVille）合作，推出「卡卡農場」（GagaVille）。在遊戲中卡卡化為綿羊、夢幻獨角獸，只要粉絲完成任務，就能預訂新專輯，讓專輯市場風險降到最低（洪佳儒，2011）。卡卡能迅速在全世界爆紅，在在說明社群行銷的威力。根據 2013 年 1 月的統計，Twitter 的跟隨者最多的前四名就全是歌手，其中第一名女神卡卡的跟隨者就有 3,285.9 萬人，至於第五名才是美國總統歐巴馬（林富美、蕭宏祺，2013）。

（四）「先產後銷」，「邊產邊銷」及「未產先銷」

此外，為避免市場端產品「意義流動」所造成的風險，文創產銷也發展出不一樣的對應策略。從過去「先產後銷」，改成「邊產邊銷」或「未產先銷」。

即透過「議題」營造，先測市場水溫，所以有關選角、選代言、

選劇本等等都可以在過程中成為話題,爭議越大,媒體行銷的效果越強,透過社群的擴散與回應,掌握市場動態,將不確定性降到最低(林富美,2012)。

如英國的 1 世代(One Direction)在發行第一張專輯《青春無敵 Up All Night》前,就透過官方網站、Twitter、YouTube 等社群網站的行銷活動,造成廣大 Fans 瘋狂加入,其擴散力橫跨歐洲、澳洲、美國與其他地區,也創下英國團體在美國的專輯首週銷售紀錄(17.6 萬張/週)(林富美、蕭宏祺,2013;BPI, 2013)。

該行銷活動稱為「1Dcyberpunk」,是以 1 世代遺失了一臺手提電腦為主軸,呼籲 Fans 能跟隨打扮成偵探般的 1 世代各團員,參與後續不同的挑戰關卡活動,而 1 世代團員每週也會花三到五小時的時間製作一影片畫面,透過 YouTube 和 Fans 對話,影片內容包含團員感謝 Fans 參與他們的活動與討論各自團員最喜歡的參與者是誰,Fans 都可透過影片內容看到自己或他人的照片或參與紀錄,此也更增加 Fans 對該活動的吸引力,最重要的是畫面背景音樂都是 1 世代的專輯歌曲,也藉此拉抬了歌曲的好感和熟悉度(林富美、蕭宏祺,2013;BPI, 2013)。

該活動進行超過 50 天,不僅 1 世代的官網流量暴增超過兩倍,還吸引了 20 萬 Fans 參與並創造 20 個挑戰關卡,而活動期間 1 世代所製作的影片,在 YouTube 的瀏覽率也達到 250 萬次,此數位行銷活動讓 1 世代迅速突破地域疆界,透過網路無國界的傳播管道,讓 1 世代一到美國就受到眾多 Fans 的瘋狂歡迎(林富美、蕭宏祺,2013;BPI, 2013)。

(五)文創專業經紀人養成

故如何在創新加值中,培養文創產業工作者的行銷能力,文化

創意產業的行銷人力培訓,業界非常需要政府的協助。況且,文化產業結構,涉及混合的團隊組織,為減低過程中不確定風險,如何在產製、行銷、再製等過程中維繫團隊關係並調合其間利益,涉及「文化中介」者(一般稱文化經紀人或經理人)之媒合專業職能(林富美,2006;Negus & Pickering, 2004; Williams, 1981)。

臺灣文創產業欠缺專業經紀人(或經理人),有關專業經紀人(或經理人)的養成與培訓,應刻不容緩,如何建立專業經紀人(或經理人)的證照制度,讓產業的媒合專業化與國際化,更攸關臺灣文創產業的市場行銷,對此,政府極需有一配套性的規畫與作法,方能有效將臺灣文創加值的產業規模擴大,立足臺灣,行銷全世界(林富美,2012)。

參考書目

TVBS(2005)。〈韓星身價曝光〉。取自 http://www.tvbs.com.tw/index/index.html

中國新聞網(2013)。〈2013年最「吸金」臺灣歌手出爐:周杰倫獲第3名〉。取自 http://www.chinanews.com/yl/2013/11-20/5525648.shtml

王妍文(2011)。〈感性經濟創造15倍的高成長價值〉,《30雜誌》,087。取自 http://www.30.com.tw/article_content_19038.html

全球藝評(2014)。〈從「來自星星的你」看文創可創造的產值〉。取自 http://artmagazine.com.tw/ArtCritic/article902.html

朱宗慶(2011)。〈藝術外一章——藝術與科技的跨越和融合〉。取自 http://city.udn.com/62960/4748403

吳小敏(2014)。〈五月天阿信潮牌進攻日本 STAYREAL 仿蘋果開旗艦店〉。取自 https://www.youtube.com/watch?v=OQHi8pprJ0U

吳伯雄(2010)。〈經濟攜手、文化連心、共創高峰〉,《華商世界》,8,頁 28-37。

吳思華（2004a）。〈文化創意的產業化思維（上）〉，《典藏今藝術》，136，頁 114-117。

吳思華（2004b）。〈文化創意的產業化思維（下）〉，《典藏今藝術》，137，頁 134-137。

吳昭怡（2010）。〈鍾瑩瑩 養出歐洲人也愛的魚〉，《天下雜誌》，444，頁 88。

李永熾（1990）。〈慾望與現代資本主義〉，《當代》，52，頁 22-31。

李幸倫、林富美（2014）。〈韓國流行音樂及娛樂經紀公司的政經分析〉，《傳播與管理研究》，13(2)，頁 89-128。

李健鴻（1996）。《快感消費文化》。臺北，臺灣：前衛。

東立 Online（n.d.）。〈漫畫查詢〉。取自 http://www.tongli.com.tw/BooksList.aspx?B=SC076

林志明譯（1997），Jean Baudrillard 著。《物體系》，臺北，臺灣：時報文化。

林富美（2006）。《臺灣新聞工作者與藝人：解析市場經濟下的文化勞動》。臺北，臺灣：秀威資訊。

林富美（2012）。〈文化創意帶動產業創新加值之分析〉，《研考雙月刊》，36(1)，頁 28-39。

林富美、蕭宏祺（2013）。〈從全球音樂產業發展趨勢反思臺灣音樂產業在地發展與全球困境〉，曾金滿、賴麗帆（編），《101 年流行音樂產業調查報告》，頁 331-370。臺北，臺灣：文化部影視及流行音樂產業局。

林靜宜（2011）。〈不玩舊規則！學他們挑戰創新 IDEAS〉，《30 雜誌》，085。取自 http://www.30.com.tw/article_content_18743.html

花建（2005）。《文化魔戒：文化產業競爭力的奧秘》，臺北，臺灣：帝國文化。

邱莉玲（2011）。〈4 大文創業 帶頭進軍國際〉。取自 https://tw.news.yahoo.com/4%E5%A4%A7%E6%96%87%E5%89%B5%E6%A5%AD-%E5%B8%B6%E9%A0%AD%E9%80%B2%E8%BB%8D%E5%9C%8B%E9%9A%9B-213000188.html

洪佳儒（2011）。〈卡卡女神迅速爆紅 社交網站功不可沒〉。取自 https://tw.news.yahoo.com/%E5%8D%A1%E5%8D%A1%E5%A5%B3%E7%A5%9E%E8%BF%85%E9%80%9F%E7%88%86%E7%B4%85-%E7%A4%BE%E4%BA%A4%E7%B6%B2%E7%AB%99%E5%8A%9F%E4%B8%8D%E5%8F%AF%E6%B2%92-105600724.html

俞龍通（2008）。《文化創意客家魅力：客家文化創意產業觀點、策略與案例》。臺北，臺灣：師大書苑。

財團法人國家電影中心（2006）。〈當故宮遇上電影：《經過》導演鄭文堂及故宮研究員專訪〉。取自 http://www.funscreen.com.tw/headline.asp?H_No=106

動腦 brain（2011）。〈挪威天團 紙唱片打歌的祕密〉。取自 http://www.brain.com.tw/Task/TaskContent.aspx?ID=20

莊宗憲（1994）。〈消費社會：大眾文化與後現代〉。國立政治大學社會學研究所碩士論文。

郭子苓（2014）。〈比《半澤直樹》更會賺，花 1 塊錢創造 400 倍商機：來自《星星》的超熱賣法則〉，《商業周刊》，1382。取自 http://www.businessweekly.com.tw/KIndepArticle.aspx?id=22032

陳和琴（2001）。〈Metadata 與數位典藏之研討〉，《大學圖書館》，5(2)，頁 2-11。

黃恆正譯（1988），星野克美著。《符號社會的消費》。臺北，臺灣：遠流。

楊惠雯、施智文（2014）。《103 年度「展示科技應用服務發展計畫」（3/4）》，經濟部委託計畫案（PG10310-0141）。臺北：財團法人資訊工業策進會。

臺北市政府產業發展局（2011）。《臺北市中小企業品牌創新升級計劃》。結案報告。臺灣，臺北：臺北市政府產業發展局。

劉千瑜（2012）。〈當文化與漫畫相遇：數位典藏加值應用於 CCC 創作集之研究〉。世新大學傳播管理學研究所碩士論文。

劉維公（2003）。〈什麼是文化創意產業？——文化產業的時代意義〉，《典藏今藝術》，128，頁 42-45。

數位典藏國家型科技計畫（n.d.）。〈93 成果展──漫畫與老臺灣記憶：劉興欽、葉宏甲與牛哥漫畫網路重現江湖〉。取自 http://www2.ndap.org.tw/newsletter06/news/read_news.php?nid=65

鍾文萍（2011）。〈世界三大宗教盛事：2011 臺中媽祖國際觀光文化節，鳴鑼起駕〉。取自 http://mag.cnyes.com/Content/20110414/50547DE7E2F945D9904E19433A943302.shtml

蘋果娛樂新聞（2011）。〈2011 歌手吸金 TOP 排行 周杰倫蔡依林 雙 J 稱帝后〉。取自 http://only-show-fans.blogspot.tw/2011/11/2011-11-02-2011top-j.html

Baudrillard, J. (1998). *The consumer society: Myths and structures*. Thousand Oaks, CA: Sage.

BPI. (2013). *2013 Digital music nation*. Retrieved from http://www.bpi.co.uk/assets/files/BPI_Digital_Music_Nation_2013.PDF

McCracken, G. D. (1988). *Culture and consumption: New approaches to the symbolic character of consumer goods and activities*. Bloomington, IN: Indiana University Press.

Negus, K., & Pickering, M. (2004). *Creativity, communication and cultural value*. London, UK: Sage.

Williams, R. (1981). *Culture*. London, UK: Fontana.

論城市創意生態的形塑
——以臺北市為例[*]

張國治

國立臺灣藝術大學視覺傳達設計學系所專任副教授

摘要

約翰・霍金斯（John Howkins）在 2011 年出版了《創意生態》這本書，他對於創意生態的表達是：「創意生態就是一種『小生境』（niche），在裡面，……重要的是關係和行動，而不是基礎設施。這種創意生態的強度可以通過能量的流動以及對於『意義』的持續學習和創新來衡量。『多樣、變化、學習和適應』這四重因素相互促進提升」（林海譯，2011）。如果用一句話作為「創意生態」表達或界定，即是：適合創意生活與創意生產的小的生存環境。

依 2013 年《兩岸城市文化創意產業競爭力調查報告》顯示，臺北市名列兩岸三地文創競爭力第 3 名，加上臺北市創意群聚現象越來越明顯，檢視臺灣各縣市，無可諱言的，臺

---

[*] 本文原發表：論城市創意生態的形塑——以臺北市為例（《福建漳州師範學院學報》，2013 年第 27 卷第 3 期，總第 87 期，2013 年 9 月出版，第 18-22 頁）。漳州師範學院現改為閩南師範大學。

北市以其作為臺灣行政院樞紐、國際化程度優於其他城市，在文化創意產業推動上取得較大成效，也能符合霍式所言「多樣、變化、學習和適應」這四重因素，相互促進提升的小生境。

一個多元富有生機及魅力的城市文化發展，實則決定於霍氏所言「創意生態」的形塑，本文試圖以臺北市推動各項創意街區（粉樂町街區、永康街區、溫羅汀街區……）及舉行各形各色文創活動（臺北詩歌節、臺北藝術節、文博會、世界設計大會、申請2016年「設計之都」……）等為例，深入印證文化創意產業發展趨勢下城市「創意生態」的形塑，與其脈絡、根源及路徑之所在。

關鍵詞：文化創意產業、創意生態、創意城市、設計之都

壹、緒言

2001年，素有「世界創意經濟之父」之稱——約翰・霍金斯先生的新作《創意經濟》一書出版之後，在寰宇先進國家受到迴響，從而所謂的「創意經濟、創意產業、創意管理、知識產權就是通貨」等一系列概念、命題得以確立。當今，「創意經濟」觀念，已成為全球在後工業社會繼第三波產業、資訊工業社會、網路經濟和知識產權生成應用的經濟之後，時代發展下先進的思維，擁有好點子的人要比只懂得操作的人更有力量，特別在亞洲南韓、日本、泰國、以及中國、臺灣等受其影響頗巨。

然而，約翰・霍金斯卻在2011年出版了《創意生態》這本書，他對於創意生態的表達是：「創意生態就是一種『小生境』（niche），在裡面，多樣化的個體通過一種系統的、適應性的方式表達他們自

己，利用一些想法產生新的想法。同時，其他人支持這一努力，即使他們對此不甚理解。這種『能量－表現』關係在物質場所和非實體社群中都可發現；重要的是關係和行動，而不是基礎設施。這種創意生態的強度可以通過能量的流動以及對於『意義』的持續學習和創新來衡量。『多樣、變化、學習和適應』這四重因素相互促進提升」。如果用一句話作為「創意生態」表達或界定，即是：適合創意生活與創意生產的小的生存環境。

　　霍氏此一思潮提出之後，其在中國產生的影響力似乎沒有比「創意經濟」之命題論述來得影響更大，但對於長期在臺灣藝術大學設計學院工藝、視覺傳達設計學系所執教，不斷在設計藝術教育目標，專業核心能力作創意教學，此一論述對筆者卻十分饒有興味，從文化生態，藝術生態，藝術進化法則等研究背景基礎下，霍氏創意生態的著作思維及觀點，遂讓筆者展開進一步研究的立基點。霍氏「創意生態」概念之提出，首先讓筆者聯想到的是「創意城市」、「設計之都」、「文化、藝術之都」、「文化氛圍」等關鍵字、以及文化創意產業作為城市品牌行銷的議題，並且要開發城市特有的文化資源，賦予其文化認同和共鳴，形成符合市場需求的核心價值和概念，同時，更要充分發揮廣大民眾的個人創造力，鼓勵參與文化創意的積極性。

　　依 2013 年《兩岸城市文化創意產業競爭力調查報告》顯示，臺北市名列兩岸三地文創競爭力第 3 名，加上臺北市創意群聚現象越來越明顯，檢視臺灣各縣市，無可諱言的，臺北市以其作為臺灣行政樞紐、國際化程度優於其他城市，在文化創意產業推動上取得較大成效，也能符合霍式所言「多樣、變化、學習和適應」這四種因素，相互促進提升的小生境。從軟實力、感性角度看臺北而言，

臺北市有更早優於大陸的現代化條件,而其在傳統文化資產的保護上也有其具體成績,從其整體文化氛圍而來,有其魅力所在。

　　一個多元富有生機及魅力的城市文化發展,實則決定於霍氏所言「創意生態」的形塑,本文試圖以臺北市推動各項創意街區(粉樂町街區、永康街區、溫羅汀街區……)及舉行各形各色文創活動(臺北詩歌節、文博會、藝術博覽會、世界設計大會、申請2016年「設計之都」……)等為例,深入印證文化創意產業發展趨勢下城市「創意生態」的形塑,與其脈絡、根源及路徑之所在。

貳、創意生態植根於多元開放的境地

　　「創意生態」植根於重視經濟自由,充滿創造力、競爭力、良好生活品質社會背景下,美國《富比士》雜誌網站在投資市場專欄,由全球市場、商業及投資策略作家莫杜庫塔斯(Panos Mourdoukoutas),與紐約市聖若望大學商學院助理教授史特凡尼迪斯(Abraham Stefanidis),根據世界銀行、聯合國發展計畫和英國經濟學人智庫等資料,以經濟自由、經商容易度、全球化、全球創造力、全球革新度、全球競爭力、環境績效、社會永續、人類發展及生活品質等10項指標為準則,共同發表「世界十大偉大社會」(The World's 10 Great Societies)名單,其中以德國、荷蘭、英國依序為前3名,臺灣列入第10名,不僅提供作為全球投資人參考,亦彰顯出臺灣社會發展特色。從《富比士》雜誌網所列10項指標準則中,其中尤以「全球創造力」、「全球革新度」、「生活品質」這3項指標和文化創意產業發展趨勢息息相關。在講求「知識產權」保護、生成與應用的文化創意產業發展趨勢下,其所仰賴倚附的正

是重視經濟自由,充滿創造力、競爭力,具備良好生活品質,所謂多樣、變化、學習和適應的「創業生態」,亦居於在一個多元開放,有變化,居民可充分學習的社會背景下,除此無它。

《富比士》十大偉大社會排名:一、德國,二、荷蘭,三、英國,四、法國,五、日本,六、澳洲,七、加拿大,八、南韓,九、美國,十、臺灣(ETtoday,2012)。

參、多元創意的繁花盛果、創新學習的拓展

以下由筆者試圖爬梳臺北市關於文化創意、創新活動及能量案例,勾勒此中喧嘩之後的幽靜氛圍。

一、「臺北世界設計大會」及「臺北世界設計大展」兩大設計盛會

正因為植根於一個較趨於成熟的社會背景下,更由於臺灣近年來重視創新能力、品牌行銷、創造力養成,數十年來臺灣孜孜努力、長期發展的藝術設計教育,2011年10月由臺灣創意中心主辦「臺北世界設計大會」及「臺北世界設計大展」兩大設計盛會,引爆設計年的最高潮,2011年為臺灣頒佈文化創意產業發展法實施的元年,亦逢辛亥革命100年,臺灣在全世界發展當中,首次整合了全世界3大設計協會的年會。集結企業、設計公司、設計院校以及設計推廣組織,以善念設計之手法,詮釋主題「交鋒」(Design at the Edges),邀集全球34個國家,1,200位頂尖設計師,六千多件作品,吸引海內外超過400萬人次參與,帶動觀光消費達新臺幣80億元以上,大幅提高臺灣國際形象及知名度,讓全民體驗世界設計產業

的脈動與能量,並且欣賞臺灣設計師的巧思與風采,展現出臺灣文化創意產業的特色。

二、臺北街區

從 2013《兩岸城市文化創意產業競爭力調查報告》顯示,其中軟實力 84 項評比當中,以文化支持度、文化內涵度、文化創造力、文化發展力四個面向,臺北市名列兩岸三地文創競爭力第 3 名,加上臺北市創意群聚現象越來越明顯,因此,臺北市政府於 2010 年針對「松山創意園區」、「北部流行音樂中心」、「臺北藝術中心」及「臺北市電影委員會」等雙 L 文創軸帶進行文創聚落之研究,找出 11 個深具多元設計能量卻隱藏在都會區中之「創意街區」,包含粉樂町街區、民生社區街區、永康青田龍泉街區、溫羅汀街區、西門町街區、艋舺街區、中山雙連街區、牯嶺街街區、天母街區、故宮街區及北投街區等,這些街區逐漸吸引創意人進駐,為臺北市增添多元創意色彩,並賦予獨特的生命力與魅力。創意工作者會因為特定區域的人文氣息、景觀藝術建築或文史資產而聚集,透過開店販賣創意商品及服務等,提供居民學習自主參與,為這些區域帶來嶄新能量,這即是所謂的「創意街區」。有別於傳統文化創意園區概念,創意街區不是政府挹注大量資源進行整體規劃,而是由民間創意工作者自然形成的創意聚落。提供居民學習、自主參與。在臺灣,近年較成功的案例就是臺北市「UrbanCore 城中藝術街區」,其將可用空間無償提供給文化創意工作者及團體使用,也為這片土地注入多元創意元素。該藝術街區為民間集團所為,顯示了民間自發的創造力,而臺北民眾的支持、參與,體現了「創意生態」這種關係、行動,通過「意義」的持續學習、能量的流動無形中使「創意生態」有了強度。

三、臺灣國際文化創意產業博覽會

　　臺灣國際文化創意產業博覽會（簡稱臺灣文博會）於 2010 年由文化部（當時文建會）首次辦理，而一年一度的臺灣文博會，提出豐富多元的產業結構、創新產品與文化內涵，共計有來自全球 14 個國家／地區，457 個機構／公司參展，使用攤位數達 868 個。4 天展覽共吸引 71,027 人次參觀，銷售業績達新臺幣 227,345,910 元，媒體報導超過 100 則，各項紀錄均較首屆大幅成長，顯示臺灣文創產業蓬勃發展，動能不斷攀升，而此展為全臺唯一的國際級文創產業展會，不論是企業採購、品牌授權、通路商交流及商機媒合等方面，均能於展覽期間進行。其舉辦之主旨期盼能營造華人優質生活的前驅想像，並成為華人文創產業最重要的展銷平臺。2012 臺灣文博會以「交響」為年度主題，展現臺灣文創產業推動十年有成，由故鄉泥土發聲，與各地人文物產生共鳴，跨領域產業和聲，進而連結全球，合奏出激昂澎湃的交響樂章；其展另隱含「交、鄉、音」的概念，進而發展成「交會故鄉地方文化的聲音」，為臺灣文創產業從泥土原生，迴盪出福爾摩沙多樣面貌的樂章。整個博覽會呈現出清晰完整，具有創新主軸的展示概念。

四、臺北詩歌節

　　在軟性的精神層面創意上，最能顯示臺北創意生態小生境中，在當下重視經濟、資訊，人文趨於薄弱的今天，藉由臺北市文化局公開委託民間承辦標案的「臺北詩歌節」，從 2000 年開辦至今，歷久彌新，2012 年更以「詩，無障礙」為主題，試圖跨越各種藩籬，包括族群、性別、階級、城鄉、政黨、宗教、強權與弱勢、主流與另類……詩文的表現載體，如與錄影結合「影像詩」，也對視障朋友對詩的需求出發，展開「聲音詩」，並將入選詩作透過城市巷弄

店家特設的水管裝置，播放給行人過客實地體驗聆聽的感受。詩歌為所有藝術中最具精簡、濃縮的藝術語言表現，詩學中放任各種天馬行空的創意想像，詩歌節舉辦，正提供市民如海德格所言「詩意的棲居」之心靈活動。

五、臺北藝術節

　　全世界已發展國家諸多先進城市，無不重視藝術的發展，舉辦藝術節除了讓一個城市藝術面貌及實力得以展現，此外，也讓國際或區域之間得以充分交流，追求理想共同促進發展，並激起更多的創新和創意。在舉辦多年的藝術節，積累了豐沛的行政與組織承辦經驗。臺北市政府主辦執事，為求此一藝術節釋放更多能量，讓市民有更多參與學習的機會。不斷調節藝術節的定位，以「創新、精緻、多元」之精神主旨配合表演藝術所欲凸顯的當代性，體現創新形式及價值。顯見臺北市已然紮根的文化藝術能量。臺北藝術節正是匯聚臺灣島內及境外優秀藝術家以精湛的創造力做精采演出，具體呈現當地特色、文化風格及國際社會的連結平臺。每年，臺北藝術節都以「加速城市的想像力」為願景，為市民帶來全新視野的藝術作品，2013年在已邁入第15屆的臺北藝術節，持續以想像推動創新、以「創藝」為啟動力，以聚焦且密集的藝術表演活動，創造多樣的美學體驗、形塑美感生活，讓臺北成為高質感的文化之都。觀諸臺北藝術節15年來持續經營，引進國內外優秀展演節目而成就出臺北獨特的文化風景。業已讓臺北市成為一座懂得生活、適宜居住的幸福城市。臺北市文化局局長劉維公說到：「臺北藝術節支持藝術創作勇於冒險、敢於不凡……。想像是一種力量，想像比知識更重要，因為知識有限，而想像無限。」從以上我們看出一個具有創意的城市如何勇於創新，如何重視想像，而這種軟性要求正是創意生態所須具備的先決要件。

六、臺北國際書展

臺北市是一個具有書香味的軟實力城市，不但擁有精緻印刷、裝幀、具創意設計的優質印刷出版系統，更有歷史悠久而特色的書街及書城，如金石堂書城、誠品書店等，為臺北的創意生態環境增添豐富多變的風景，也為臺北國際書展建構穩固基礎。此書展約在每年春季舉行，是專業性出版品的展覽會，主要由臺灣新聞局主辦。其展覽規模於臺灣島內最大，也屬於亞洲最大，世界中第四大的國際圖書展，僅次於德國法蘭克福、義大利波隆納、美國 BEA 等世界三大書展。

就此展覽而言，在孕育人文閱讀，展覽設施與服務，或展覽資訊與傳遞，均展現高水準和創意的基調與國際視野之同時，更具備了此項文化產業應有的人性化軟硬體設施，而其展示區規劃清晰具備特色。大會更整理出展覽歷史沿革供觀者瞭解和查詢，這完全吻合創意生態中：多樣、變化、學習和適應多元學習之要旨。其創意特色為：（一）主題規劃：1. 主題國：全世界書展均設主題國，2013 年臺北書展的主題國是「比利時」，規劃許多精彩文化活動，深度介紹比利時圖書市場現況、跨領域的精緻出版品以及多樣化的暢銷代表作。2. 國際主題館：國家（國際）主題館又稱之「國際主題館」。每年選出一個國家作為展覽的主題，並時有依主題擇定電影作為書展開幕電影片的措施，通常配合有相關的電影導覽與圖書交流。在第 20 屆（2012 年）更以「綠色閱讀」為推廣重點，目的在讓民眾重新思考閱讀最初始的精神狀態。（二）展場規劃與調度：主要規劃：1. 活動區；2. 電影館；3. 兒童專區；4. 漫畫區；5. 限制級出版品專區。分區呈現不同物件及類型。配合吸引不同族群，也添加一些少年活動、如角色扮演活動等。（三）相關法令之制定：有制定出版品及錄影節目帶分級辦法。其他設施，主要是以展區、展覽館間接駁車為主。或設置專屬防偽措施，防止偽造的門票發生。

七、臺北電影節

　　臺灣的影視工業起步得早，二十多年前，臺灣的影視產業傲於亞洲東南亞之首，擁有引領潮流的影響力，為最早擁有產值的文創產業，臺灣每年一度的金馬獎頒獎及觀摩影片展，已形成一大盛事，與後來的金曲獎、金鐘獎頒獎典禮，豐富於星光燦爛的臺北。「臺北電影節」分為商業映演類及非商業映演類，挖掘出許多有潛力的影像創作者，於每年 7 月舉辦，在熱情盛夏日開演，吸引了不少臺灣及其它國家影迷參與盛會欣賞觀摩，交流學習比較，共同促進臺灣電影業的興盛蓬勃。也在其他國家的電影界造成影響力。2002 年起，臺北電影節加入「城市主題影展」，藉由一系列電影播放、相關海報圖像展覽，觀眾與影片導演相關人員討論的各項配套活動，展開瞭解每年的主題城市之電影歷史文化。臺北電影節主要突出的單元活動是舉辦國際青年導演競賽和臺北電影獎的競賽。國際青年導演競賽中，主要表彰不同國家優秀的劇情長片之新銳導演，強調了敘事的表現能力和其勇於創新的表現風格。在臺北電影獎的評審頒獎中，其主要對象是臺灣專業電影工作者，每年以國片最高獎金「百萬首獎」號召，鼓勵臺灣優秀電影創作者，增加國內外能見度。

八、文化刊物

　　在文化傳達與資訊傳遞上，臺北市政府將其欲推動文化活動理念與內容，流通在《臺北畫刊》及《文化快遞》，這兩份刊物皆為免費刊物，不僅開放於公共交通運輸、公共服務站供民眾自由索取，也以臺北市網站及《文化快遞》專屬網站推廣，文化海報及各式文宣品，琳琅滿目。尤以《文化快遞》已逾 12 年的發行，每月印製 10 萬份，傳閱人數約有 40 萬人，是全臺閱讀率最高的刊物，每月

深入淺出介紹各種藝文活動及評論，傳達各種藝術訊息給讀者，成為孕育有品味的市民的沃土，更與各文創產業緊密結合，共構一個創意生態迴圈。

九、臺北「華山1914」文創園區

談「創意生態」的形塑，最能體現此種氛圍的，以臺灣第一個文化創意產業園區——臺北「華山1914」文創園區為首是瞻。「華山1914」位於臺北市中心的「華山文化創意產業園區」（簡稱華山創意園區），擁有近百年的老建築物群，保留了不同時期、不同建築構造與工法類型，憑藉歷史風貌和地理位置的優越性，停廠後，逐漸成為各類實驗創意展覽、表演活動最具指標性的展演場所，展現跨界藝術及傳播生活美學，也是文化部指導中的五大創意文化園區最重要的試點，推展藝文展演、熱門音樂、親子園地、劇場表演、創意市集等新構想，催動多元面向的開端，讓華山成為藝文的、親子的、社區的、全民的、美學的、創作的、學習的、休閒的複合園區。臺灣文化部將此園區定位為「臺灣文化創意產業的旗艦基地」，歸類為北部都會型的創意文化園區，以「酷」——時尚、前衛、實驗與「玩」——玩樂、享樂、娛樂為規劃主軸，提供跨界創意的發揮的平臺，媒合藝術、產業的場所，建構異業、異質交流的連結，推廣藝術文化成為大眾生活美學，至今已逐漸達到引領產業集聚效應。從文化創意產業鏈而言，臺北「華山1914」文創園區體現了此一產業從創意出發的創新製作，以文化為產業加值，並有商業行銷的產品流通以及消費，構成一完整典型文創園區面向。也體現了創意生態小生境多樣、變化、參與、學習之特徵。乃為臺北都市叢林中具生產、生活和生態結合的小生境。

肆、臺北市的躍升與銳變

　　從 2010「臺北國際花卉博覽會」，繼 2011 年「臺北世界設計大會」及「臺北世界設計大展」等國際盛會之舉辦成功，臺北更積極申請臺北市為 2016 世界設計之都（World Design Capital），期望在智慧生活、生態永續、生活品質、都市升等層面，帶給市民更幸福美好的生活，而其政策將落實「以人為本的設計」（design is people）理念，一方面實踐「社會設計」（social design）的時代發展潮流，另一方面以「設計是現代公民應有的生活素養」作為推廣目標，讓市民廣泛的認識設計，感受設計、享受設計。並針對申辦世界設計之都，擬定一套實踐的發展計畫，稱之為臺北範型（Taipei model），強調三大精神「共同創造」、「市民需求」、「設計創新」，與五大核心面向「生命健康」、「生態保育」、「都市再生」、「智慧生活」以及「生活產業」。針對五大面向，規劃旗艦行動方案，積極邀請傑出設計人才的投入，並鼓勵一般社會大眾的參與。具體的成果將包括：推動文化路徑的都市再生、提供市民城市新樂園的水岸生活、致力於推動 hi-tech × design 的經濟轉型、打造從原創、製造、到銷售的完善產業生態鏈、結合生活美學、創造力教育、與青年創業的空間群聚、建造具時代前瞻性的新城市服務設施等等。每一座 WDC 都有自己的故事，臺北的故事也逐步開展。在 2016 年，人們將會看到，臺北市精彩的銳變。

　　2012 年 10 月 11 日至 11 月 16 日，提倡以想像力和創造力促使城市革新，也是全球暢銷書《創意城市：打造城市創意生活圈的思考技術》的作者、創意城市策略諮詢顧問查理斯·蘭德利先生（Mr. Charles Landry）再次來臺，為臺北市推動「創意城市」的規劃與推動進行深入座談與對話；並特別於 10 月 16 日，前往松山文創園區，

參觀臺北市政府文化局所舉辦的首屆「臺北設計城市展」，對於展覽之中，精彩呈現臺北市對城市發展與全球設計趨勢「社會設計」的掌握，以及吸取傳統文化能量的設計思維大為讚賞，正如他新發行的《創意臺北，勢在必行》一書所言，臺北市絕對是2016世界設計之都眾多申請城市中，十分強勁的競爭者。

伍、結語

筆者從文化創意產業發展趨勢下，以「城市」為定位，更以臺北為例，試圖以一座具有「創意城市」、並懂得「品牌行銷」、更進一步有充滿啟發的能量，擬出「創意生態」輪廓的形塑，適合創意生活與創意生產的小的生存環境，讓城市擁有吸引力，製造豐富的聯想力與認同感。因為放眼整個華人地區，臺北的「創意生態」不只是創新多元、充滿學習能量，亦且民眾把創意視為生活的一部分，儘管臺灣沒有很多且面積很大的創意園區，但走在臺北街道任何角落，處處可見創意點子的發揮，創意無所不在，整個臺北就是一個沒有藩籬，百花齊放充滿大植物園生態的園區，民眾參與文化創意的秩序和成熟度，其整體而言的精緻度遠遠超越所謂「文化創意產業競爭力」GDP量化數值的調查報告。蘊含著視覺看不見的精神價值，繁衍豐富多元、深厚紮根原生狀態。

參考書目

ETtoday（2012）。〈富比士挑選「十大偉大社會」 臺灣擠進前10名〉。取自 http://www.ettoday.net/news/20120619/60785.htm

林海譯（2011），John Howkins 著。《創意生態——思考在這裡是真正的職業》。北京，中國：北京聯合。

促進兩岸影視產業交流的方向與建議

習賢德
輔仁大學新聞傳播學系主任

摘要

　　海峽兩岸分治至今未能斷然捨棄意識形態，沖淡了系出同源，理應相互提攜增進民族光榮感的共識。近年各國重視文化創意產業的大趨勢，應可激勵兩岸推出互利互惠架構，以鞏衛雙方核心利益。六十多年來，戰爭影片造成大眾對國共內戰的情緒化理解，過度醜化打擊對象，更扭曲了歷史真相，但《集結號》提供了昇華與化解恩怨之道。當前兩岸交流已至躍進的時點，募集「大中華影視文創發展基金」，務實推動方案，應可提供活化文創資源的充沛氧氣，如何建立嶄新機制，營造友善環境，開展宏觀視野，值得秉權者深思。

關鍵詞：文創產業、兩岸交流、和平發展、戰爭電影、話語權

壹、和平發展戰略：迎頭趕上文創產業盛行趨勢

二戰結束至今區域衝突不斷，但增進國際和平發展的呼聲，依舊大過以牙還牙的叫囂。兩岸分治已六十餘年，促進和平對話交流已成近年頭等大事。中華文化系出同源，文化創意產品成為商品則為當今資本主義重要特色，所謂文化消費與市場競爭，均緊扣「內容為王」的要件，如何務實產製並鑑定文化產品高下良窳，正是文創產業能否壯大的關鍵。

2000 年《中共中央關於制定國民經濟和社會發展第十個五年計劃的建議》將「文化產業」一詞首度納入。2006 年《國家十一五時期文化發展規劃綱要》再提出「培育文化創意群體和內容提供者」，揭示「文化創意產業」理念，表明此一趨勢已獲重視。2009 年《文化產業振興規劃》將文化產業提升為國家戰略性產業，並首次將「文化創意」納入文化產業範圍。

2011 年《國民經濟和社會發展第十二個五年規劃綱要》與《中共中央關於深化文化體制改革推動社會主義文化大發展大繁榮若干重大問題的決定》均宣示：「推動文化產業成為國民經濟支柱性產業」，後者並提出四項部署：「建構現代文化產業體系。……加快發展文化創意、數位出版、移動多媒體、動漫遊戲等新興文化產業。」（中國新聞網，2011）。可見，發展文創產業已成國家級戰略。

臺灣文創產業近年成果頗有可觀，例如，幾米、朱德庸的漫畫，李安的電影，白先勇的戲劇，林懷民的「雲門舞集」等文化團隊或個人工作室，已在華語流行文化圈取得一定程度的佳評與能見度。但產業政策過去多偏向模仿或技術引進，忽略基礎研究和技術創新，長期屈居已開發國家下單代工、代孕角色，文創核心技術和應用標準皆受制於先進國家。此外，朝野人士偏愛將文化創意當作快

速增加 GDP、提高就業機會的賣點,將文化貶抑為行政工具,令文化格局不升反降,藝文界未受其利卻先受其害(林乃文,2008)。

大陸尚未建立全國文創產業官方統計體系,僅能自相關文化產業觀察。大陸文化產業體質至今仍嫌單薄,文化產業總值占 GDP 總量僅 3% 上下;美國則高達約 25%,日本約為 20%,韓國高於 15%,歐洲平均在 10% 至 15% 間(第一財經日報,2007)。但大陸文化產業發展潛力巨大,2004～2010 年大陸文化產業年平均增長速度超過 23%(中國行業研究網,2011)。2006 年至 2011 年大陸與臺灣文創產業產值,前者占 GDP 比重雖逐年上升,但一直未逾 3%,而臺灣文創產業營業額占 GDP 比重則一直在 4% 至 5%。唯大陸發展較快,市場規模大,具有極大增長的空間。因此,如何有效提高文創產業所占 GDP 比例,確為兩岸必須迎頭趕上全球趨勢的共同課題。

貳、戰爭影片的演繹:由激情對抗轉為觀摩互利

戰爭電影與心戰宣傳是一體的兩面,是人類歷史文明翻轉、躍進、倒退和沉淪的觸媒。中國電影界前輩鄭用之指出:「我們深信電影是一種育樂方式,是一種廣告工具,是一種精神糧食,是一種文宣武器」;「甚且我們能深信:現代鋼鐵武器所不能做到的事,我們要用電影去做到它。」所以,「當大敵當前時,我們決不能忽視『電影救國』的途徑,我們更不可以不重視『救國電影』的影響作用,這也就是時代所賦予當前中國電影的使命。」(鄭用之,1979:16)。

自電影科技發明至今,幾乎見證了歷次戰爭的因果與矛盾,二十世紀及本世紀至今的衝突更是傳媒聚焦之處。戰爭無可逃避,

是最殘酷的集體考驗。它終結了某個世代，又開啟了全新世代。戰爭片在編劇、選角、服飾、對白、取景、運鏡等方面，必針對文獻、史實、傳聞、原著文本機動調整，或適度誇大，乃至不惜美化烘托英雄形象，增強說服力，達成攝製的原始政策目標，呈現商業必賴的個人美學與暴力美學。

抗戰結束時，中共「統戰電影」著重於「抗戰和勝利的疑問」上，選取現實題材，以挑起人們不滿情緒。1947 年上映的《八千里路雲和月》與《一江春水向東流》，扣緊主題和基調，影響力不下於陳雲的《四大家族》。

中華人民共和國成立後首部自製戰爭電影是《中華兒女》，整個 20 世紀戰爭片大致經歷四次創作高潮。第一次出現在 30 年代末到 40 年代初，以「怒吼式」戰爭片為主，在民族危難時擔當號手角色，為抗戰發出吶喊。

第二次高潮出現在中華人民共和國成立後的 17 年，以「謳歌式」戰爭片為主，影片多取材於抗日戰爭、解放戰爭或抗美援朝戰爭，用以提醒人們不忘過去，鼓舞人們努力工作，建設新家園。單是 1953 至 1955 年，戰爭片就占了故事片的七分之一。1955 年首次攝製海軍戰爭片《怒海輕騎》，1958 年推出第一部空軍戰爭片《長空比翼》。

第三次高潮出現在文革結束的 70 年代末到 80 年代中，以「反思式」戰爭片為主，重新審視戰爭與人的關係，挖掘戰爭中人的心理活動，並在表現形式上進行了大膽的探索，是電影創新浪潮中的一支重要力量。

第四次高潮出現在 80 年代末到 90 年代，「娛樂式」戰爭片是其主流，一方面國家大力倡導「主旋律」創作思想，另方面在市場

壓力下,必須通過「主旋律娛樂化」的方式,發揮戰爭片這一類型的特性。

2001年《北緯38度》和《衝出亞馬遜》,表明八一電影製片廠仍是製作戰爭片勁旅,不僅繼續致力弘揚革命戰爭歷史,且開始關注當代和未來中共解放軍的表現（皇甫宜川,2005:99,119,125,137,159,249,266）。質言之,中國電影的產業化,是在上世紀90年代配合經濟體制轉型的大背景下開始的（李錦雲,2010:219）。

2007年的《集結號》被譽為「中國第一部成熟的,以商業化企圖進行創意、製作、發行到後電影開發的戰爭大片」,是戰爭影片新時代的經典之作,其商業運轉模式與藝術探索價值,將對其後相關創作產生深遠影響（呂益都,2008:164,170）。

次年,《集結號》在激烈競爭下,奪得2008年第45屆「金馬獎」的「最佳男主角」（張涵予）與「最佳改編劇本」（劉恆）兩項獎座,印證了即便是挑動對立激情的戰爭片,依舊可以大步跨越偏見,達成各方讚許的藝術成就。

參、《阿凡達》與「話語權」：大陸衛視頻道屢創佳績的挑戰

近年兩岸電視從業人員交流的情況,已從早年全力爭取在歲末央視《春晚》露臉,進化至人力資源難分彼此,於全年常態播出的帶狀綜藝秀場節目中,各立門派競逐五花八門的競賽榮銜。例如,央視一套《舞出我人生》、東方衛視《中國達人秀》及浙江衛視《中國好聲音》等,均令中外耳目一新。

過去衛視偏好以「一口價」買斷各檔節目。但《中國好聲音》

憑藉人民幣6,000萬元冠名費、15秒50萬元上下的廣告價，讓星空華文這成立僅一年的公司，首次與浙江衛視協商採投資分成，即依雙方所訂協議，收視越高，收益越多；若如未達預期，則損失也會相應承擔。《中國好聲音》讓製作者首次握有主動權，從而開啟了製播分離的分水嶺。

青年教育節目《開講啦》自2012年8月開播，收視即一路創新高，屢次打破央視綜合頻道同時段紀錄，節目視頻在互聯網總點擊數更已破億。

唯眾影視傳播有限公司亦從「棋子蛻變為棋手」，成了業界典範：自1998年資本額僅有10萬元起家，至1999年向100多家電視臺發行《中國娛樂報導》，再躍居擁有幾十檔節目，在全中國近300個頻道、600臺次播放的製作公司及媒體經營者。

由長沙廣播電視集團、湖南天擇文娛傳媒有限公司共同打造的天擇傳媒，更在探索一條特立獨行的廣電發展道路。廣電總局的競賽規則是「社會影響、市場效益、主流意識形態、受眾接受程度」。天擇節目的共同特點則為：注重社會價值，體現以人為本，不斷創造運營業績，弘揚主旋律；其節目類型除了娛樂，另有法制、情感、故事、時尚、紀錄、活動等類型。相對於CSPN（中國電視體育聯播平臺）模式，天擇採取資本捆綁人事，全面激發傳媒市場商業價值。通過體制創新試水製播分離運作模式，以跨地區的內容、平臺合作方式，與一百多家媒體建立了輻射全國的聯供網。

2007年湖南衛視節目《舞動奇跡》以極高收視率登上全國第一寶座，世熙傳媒公司以「節目模式」授權、提供諮詢服務起家，使製作更加規範，催生更多創意，產生額外附加價值。引進一檔模式化節目除製作費外，還有模式費用；如一季有30期，費用即以單價乘30，價格從人民幣幾十萬到一兩百萬元不等（沈浩卿，2013）。

但 2010 年 1 月，廣電總局剛發布大陸電影連續第七年，以「不庸俗，不低俗，不媚俗」的製作格局，寫下 2009 年自產影片市占率 56.6%，成功頂住美國進口影片攻勢，詎料《阿凡達》勢如破竹的驚人票房，隨即推翻前述官方宣傳說詞並刷新紀錄，成為中國自 1994 年可統計數據以來最多觀影人次的電影。

彼時網路一度盛傳《阿凡達》將叫停提前下檔，為國片《孔子》讓路。「鐵血論壇」出現一篇題為〈瀋陽街頭驚見真人版孔子大戰阿凡達！孔子慘敗！〉的帖子。《華西都市報》更直指：「一個國家真正的崛起，僅僅依靠『硬實力』是遠遠不夠的，更需要文化等『軟實力』影響的擴展。一月《阿凡達》和《孔子》的較量，是中西文化的『第一戰』」，並提出警訊：「也許被《阿凡達》擊敗的不是《孔子》，而是整個中華文化的輸出戰略。」（韓和元，2011：27）。

無論華人導演與影片類型如何賣力製作行銷，好萊塢影視帝國早已壟斷全球通路，影音時尚的光環和暴利，永難輪到東方民族來支配。質言之，只有加大節目內容創新力度、提升產品品質，才可能在全球廣大市場擁有更多更高的「話語權」。這正是兩岸必須及早理性合作，且冷靜以對的嚴肅考驗。

肆、結論與建議：以「大中華影視文創發展基金」開創新局

2010 年 9 月，大陸文化部長、中華文化聯誼會名譽會長蔡武首次率團訪臺，啟動兩岸文化管理機構開始建立對話機制。次年 9 月，中華文化促進會與中華兩岸文創產業發展協會簽署《推動兩岸文化創意產業發展備忘錄》，啟動了兩岸民間協會開始推動文創產業合作。

2013年6月13日,中共總書記習近平與中國國民黨榮譽主席吳伯雄面談時,有關兩岸簽署文化交流協議,再次成為議程。同年9月18日,加強臺湘文創產業交流合作的「湖南兩岸文化創意產業合作周」在臺揭幕,湖南省委常委許又聲強調此行兼具學習與合作目的,除發揮「文創湘軍」精神外,更盼與臺灣方面優勢互補,共同打造美好前景(陳柏廷,2013)。

平心而論,雖然文創產業人才幾乎都分散在民間社會,但如何健全並強化交流模式與管道,依舊仰賴官方由上而下的、由簡入繁的具體政策漸次試行,方能落實彼此合作追求的願景。

首先,彼此應充份溝通,打造務實而宏觀的視野,籌設對等而互利的「專案執行小組」,重點研究布局方式及處理相關事務之模式,營造有利雙方的友善環境,漸次簽署不同階段的具體交流合作協定。

其次,雙方必須有意識的,有魄力的,能在影視節目編劇和製作技術方面捐棄各種成見,以前瞻的歷史情懷,重新解讀中華民族的過去和現在,使其成為所有劇情的共同綱領,勿使影視節目內容依舊陷溺於國共內戰情結。

其三,每年農曆三節,宜交換彼此祝賀及共勉的影視專題,客觀呈現開放三通至今的種種話題,藉以營造進一步合作互利意願。

其四,借重產、官、學三方理性對話,共同研討訂定進程,持續發布針對世界文創品牌與未來發展格局的前瞻意見白皮書,並以此為基礎,籌設「華人版諾貝爾獎」,打造全球競逐的「華人版奧斯卡」影視大賽。

其五,建議由「海基」與「海協」兩會共同募集成立「大中華影視文創發展基金」,以人民幣一百億元為母金,每年分工合作開

拍六至十部主題電影與電視長片，以戰史考據與文化論述為綱領，所有成品均應在協議保障之下，能在彼此開放市場上自由的、長期的拷貝放映流通。

其六，應針對史觀之偏誤，敦促兩岸學術機構攜手檢討修正，割捨偏離理性的意識形態，客觀評價過往的歲月雲煙，於異中努力求同，追求符合彼此長遠目標的最大公約數，攜手合作，自四面八方進軍國際影視市場，爭回全球影視產業「話語權」與華人的高度認同。

參考書目

中國新聞網（2011）。〈中央提出推動文化產業成為國民經濟支柱產業〉。取自 http://news.sina.com.cn/c/2011-10-25/235423361310.shtml

林乃文（2008）。〈沒有文化，哪來文化創意產業？〉，《新新聞》，1101，頁 87-89。

第一財經日報（2007）。〈文化產業：一場新型的國際戰爭〉。取自 http://finance.sina.com.cn/economist/jingjiguancha/20071129/02204228816.shtml

中國行業研究網（2011）。《2016 年文化產業增加值占國內生產總值比重統計分析》。取自 http://www.chinairn.com/news/20111027/843013.html

鄭用之（1979）。〈又一頁珍貴的電影史第一手資料：抗戰建國電影製作綱領〉，《今日電影》，71，頁 16。

皇甫宜川（2005）。《中國戰爭電影史》。北京，中國：中國電影。

李錦雲（2010）。《戰火映照的影像記憶》。北京，中國：北京大學出版社。

呂益都（2008）。《中國經典戰爭影片與名片審美探研》。北京，中國：中國電影。

沈浩卿（2013）。〈盤點那些王牌節目背後的操盤手〉。取自 http://www.chinamedia360.com/News/NewsDetail.aspx?nid=2E6CC0EA6333F381

韓和元（2011）。《我們沒有阿凡達：中國軟實力危機》。北京，中國：中國發展。

陳柏廷（2013）。〈湘臺文創互補，共賺世界財〉。取自 http://www.chinatimes.com/newspapers/20130918000888-260108

雲端的寶藏——談數位出版及數位閱讀新趨勢 *

陳昭珍

國立臺灣師範大學圖書資訊學研究所教授兼教務長

壹、前言

　　2010 年是電子書元年，臺灣出版界認為電子書數位出版時代已來臨，積極為數位出版轉型做準備。但經過二年，電子書在臺灣一般書籍市場的反應卻不如預期。筆者請教一位出版界大老，該公司的銷售是否有受到電子書的影響？這位長輩說：受電子書的影響是零，但受經濟不景氣的影響卻很大。電子書到底是一陣旋風，還是一種趨勢；是出版的機會，還是出版之死，國內外的討論相當多，其中所牽涉的因素，也不僅止於傳統出版產業鏈相關問題。

　　本文擬從電子書的重要發展趨勢、不同於紙本書的商業模式、行銷模式、內容大廠的運籌布局、以及使用者對電子書的反應等，提供一些有關電子書與紙本書發展的觀點供國內各界參考。

---

* 本文已刊登於《2012 出版年鑑》。
　本篇因發表體例無須中文摘要，故維持文章原貌。

貳、銳不可擋的電子書出版趨勢

電子書的可攜性、便利性、可得性，使得消費者對電子書的接受度越來越高。在紙本書與電子書此消彼長的發展下，自 2010 年，Amarzon（亞馬遜）網路書店電子書的銷售量首度多於紙本書、The New York Times（《紐約時報》）開始於每週三刊出暢銷電子書排行榜（Rivera, 2010）。到了 2011 年，在美國電子書已成主流且富有商機，根據 paidContent 的報告，2011 年前 10 個月紙本書籍大眾市場減少了 33%，但電子書成長 131%；管理顧問 Joseph Esposito 指出，根據這樣的發展趨勢預估，2015 年電子書將占出版營業額 50%，甚至達到 80%。學術性電子書發展速度則較慢，因為學術市場是個小眾市場，雖然有一個大學出版社之電子書營業額已占其營業額的 10%，但大部分都比這個少（Herther, 2012）。

2012 年 Apple 分析家 Horace Dediu 為 Asymco.com 做的研究指出，他追蹤 Apple 的 App 及 iTunes store 發現，過去 3 年，有超過 200 萬的 iOS 設備被賣出，但有 140 億個 Apps 被下載；根據 Dediu 2011 年 6 月的調查發現，Apple 商品被下載的速度是：音樂每天 1,200 萬次、Apps 每天 3 千萬次、iBooks 每天約 50 萬次；以電子書在第一個月被下載的次數而言，Dediu 認為其成長速度比音樂及 Apps 還要快（Herther, 2012）。

傳統上，書有冊數有頁數，但對 epub 電子書而言，頁數已無意義。美國 Ingram 圖書公司的 CEO Skip Prichard 認為，「書」的定義還在改變中，電子書會將不同形式的內容連結在一起，混合文章、研究及其他媒體。到了 2012 年我們將看到所謂的加值型電子書（enhanced books）上市，兒童市場的發展會較快，出版社將同時以 Apps 及 Enhanced books 發行兒童書；前大英百科全書的 CEO，

現為數位媒體、軟體及出版管理顧問 Joseph J. Esposito 相信，到了 2014 年，我們將會看到 HTML 5 普及，這將使 Enhanced Books 的製作成本下降（Herther, 2012）。

總而言之，電子書將逐漸以互動式（interactivity）取代傳統靜態式電子書，加值型電子書（enhanced e-books）會越來越多；圖書出版模式也將改變，有越來越多的作者獨立出版，這些作家可以不需經過傳統出版社的服務，在網路平臺自行出版；閱讀推廣模式會改變，社會性閱讀（social reading）將成為主流（Parrott, 2011）。

參、多元創意的商業模式

目前為止，很多電子書的內容和紙本書並無不同，所以有人認為，電子書最大的改變在於其傳輸模式而非內容，但也因傳輸模式的改變，改變了出版的商業模式。配合電子書閱讀器的發展，國外電子書廠商提出的服務模式有別於過去紙本時代，以圖書館電子書市場（B2L）市場為例，各家廠商所提供的行動式電子書服務模式各異，茲擇要說明如下。

一、模式一：Sony Reader 結合公共圖書館提供服務

Sony 的電子書產業策略主軸是「以銷售 Sony Reader 為其核心」。Sony 目前提供兩項免費電子書借閱服務，分別為（一）下載 Google 超過 100 萬本免費公共領域的電子書籍；（二）向公共圖書館借閱電子書籍，進而滿足消費者的閱讀需求。

Sony 透過與 Overdrive 公司的合作，在 Sony eBookstore 下可連結至公共圖書館借閱電子書。借閱程序是，一旦進入 Sony eBookstore 之後，在 Library Finder 內打入消費者所住的區域號碼，

即會進入當地圖書館的電子書借閱畫面，消費者即可選取借閱電子書籍（只有 PDF 或 ePub 格式），21 天後，圖書館的電子書會自動消失，讀者不需還書。

二、模式二：Amazon 免費借書給圖書館使用者並推出教科書出租服務

2011 年 4 月 20 日，Amazon 網路書店宣布將對美國 11,000 間圖書館提供 Amazon Kindle Library 計畫，即讀者可以從在地圖書館透過 Overdrive 系統，免費借閱 Kindle Book，並利用 Kindle Device 或 Kindle APP 等軟體立刻閱讀，使用者能夠在他們所借閱的電子書上做筆記與標籤，這是在圖書館借閱的紙本書很大的禁忌。假設使用者在借閱電子書之後想要進行購買，在借來的副本上添加購買的註記，即可自動轉換為購買的版本（Couts, 2011）。

此外 2011 年，Amazon 網路書店也推出教科書出租服務，學生將可用 Kindle 電子書閱讀器在 Amazon 網路商店租借教科書，Amazon 網路書店根據借書時間長短收費，教科書借期從 30 天到 360 天不等。Amazon Kindle 副總裁林普（Dave Limp）表示，用 Kindle 借 1 本數位教科書 1 個月，最多可節省學生 80% 的購書支出。林普說：「學生告訴我們，他們很喜歡我們低價的全新和二手紙本教科書。」他補充說：「我們現在很高興能讓學生選擇借 Kindle 教科書，而且只需針對使用時間付費」。

Amazon 網路書店稱，amazon.com/kindletextbooks 上有數 10 萬本數位教科書，網羅來自 John Wiley & Sons、Elsevier 以及 Taylor & Francis 等各大出版社的書籍。

三、模式三：EBL 的需求驅動採購（DDA）

EBL（Ebook Library）為澳洲的電子書系統，目前收錄超過 43,000 種電子書。EBL 提供圖書館一個跨平臺（cross-platform）、支援各種閱讀器（multiple-devices）以及線上與離線服務（online-or-offline）的電子書系統，使用者能夠直接線上閱讀，並提供下載全文的服務，至於其他書籍，則提供 5 分鐘免費瀏覽全文功能。

值得一提的是，EBL 提供按次計費（pay-per-view），及需求驅動採購（demands driven acquisition）服務，也有稱為 Patron Driven Acquisition 者，即使用者下載某書超過 3 次以上，圖書館再採購該書。這項服務很受圖書館的歡迎，有多家廠商推出，如全球最大期刊資料庫公司 Elsvier 也在今年對臺灣學術電子書聯盟推出 Patron Driven Acquisition 服務。

四、模式四：Library Ideas 租書服務

2011 年 6 月 25 日，美國的圖書館點子公司（Library Ideas）宣佈一項稱為「Freading」的電子書服務模式。Freading 將提供來自 16 家出版社，20,000 本受版權保護的書籍，提供給圖書館的使用者無限且同步的檢索其書籍。由圖書館編列檢索預算，不會向使用者收取費用。

顧客可以下載書籍兩週，若有需要，可再續借兩週。若下載超出預算限制，圖書館會向顧客收費，而圖書館付費方式如下：

（一）紙本書出版 0～6 個月的書：每借一本付 2 美元，續借 0.5 美元。

（二）紙本出版 7～24 個月的書，每借一本付 1 美元，續借不用錢。

（三）紙本出版超過 25 個月的書，每借一本 0.5 美元。

肆、網路社群讓情境式行銷成為主流

　　網路社群將是未來電子書行銷的重要戰場。在 2011 年幾個有關電子書的預測中，都不約而同的提到，情境式追加行銷（contextual upsell）、社群閱讀、電子書俱樂部是電子書未來的重要發展趨勢（Hyatt, 2011; Parrott, 2011; Ruppel, 2010）。全球在電腦及內容舉足輕重的 4 家企業：Apple、Amazon、Google、Facebook 無不深諳社群的力量，並致力於網路社群的建立。

　　以目前全球第一大電子書銷售廠商 Amazon 而言，經營網路書店時即非常善於運用交叉行銷（cross-sell）及追加行銷（upsell）策略，而在電子書的行銷上更積極於透過 Overdrive 提供免費的電子書給圖書館的 Kindle 讀者，建立屬於 Amazon 的 Kindle 社群；此外，據聞目前 Amazon 已收購圖書館自動化系統（library integrated system），若此傳聞屬實，則可以想見，未來會有圖書館直接採用 Amazon 的圖書館自動化系統，直接從 Amazon 買書，借給讀者，在圖書館借不到的書，或想自己擁有的書，該系統會直接推薦讀者跟 Amazon 購買；該系統如果再結合 Amazon 教科書租借功能，則學校要用的教科書也會全由 Amazon 負責。

　　雖然 Google 目前仍陷於將圖書大量數位化的官司中，但卻未曾停止其布局電子書市場的腳步，一年前 Google 發布其線上書架 eBooks 系統，開始經營電子書事業，讓作者將書上架並讓讀者買書，加上其「Google+」及其他雲端服務，Google 未來在數位內容的競爭力仍是數一數二，而且 Google 獨霸局面還是很有希望，因為太多人使用 Google 的雲端應用服務，從 Gmail、Google Calendar、Google 文件、Google 協作平臺，一直到 Google+，套一句廣告詞，「它抓得住你」，因為你的一言一行都在上面。

雖然 Apple 目前看起來在社群平臺的經營較弱，但卻是 4 家廠商中內容最堅強的一個，從音樂（iTune）、課程（iTune U）、Apps（App Store）、iBooKs 加上超強的硬體（iPad 及 iPhone），自然形成最忠實的 Apple 社群。

　　全球最大的網路社群 Facebook（臉書）於今年公開上市（initial public offerings, IPO），雖然目前股票大跌，前景未卜，但無疑的它與 Apple、Amazon、Google 仍將並列為全球在電腦及數位內容最重要的 4 家公司之一，因為 Facebook 是全球最大的社群平臺，強大的平臺吸引大家在上面開專業或非專業社群，所有的行蹤、討論、心得都寫在上面，如果 Facebook 善做內容分析，結合情境式行銷，將是商機無限，所以 Facebook 會如何將其龐大的社群與數位內容行銷結合起來，是相當值得拭目以待的事。

　　無論是 Amazon、Google、Apple 還是 Facebook 打的都是社群閱讀、情境行銷的主意，因為現代人早已將其生活，從實體環境移到網路及社群環境，企業要找到顧客，也不能不移師到網路社群世界。

伍、在雲端世代下閱讀習慣的「變」與「不變」

　　文本、書籍和讀者之間有奇妙的連結關係，出版歷史證明：文本即使內容不變，但若印刷形式改變，文本受到接受的脈絡也會改變；此外，當文本從某種出版類型轉變成另一種時，伴隨文本文字內容改變的是新讀者的形成。換言之，文本所發送的「符號訊息」，和讀者群之「期待視域」，也就是著作受到接納的條件之間，作為文本載體的物質形式也扮演非常重要的角色，事實上，正是這些物質形式形塑了讀者的預期心理、暗示文本的新讀者和新用途。電子

書不僅是文本傳遞方式的改變，更改變文本的「印刷形式」，也改變「出版類型」，因此電子書的「讀者接納區塊」也必須被重新探討（謝柏暉譯，2012）。

美國知名作家同時也是封面設計者 Chip Kidd 在 TED 2012 設計工作室研討會，用一種頑皮的幽默方式，展現了他的封面設計藝術和深層想法。他認為電子書誠然有容易、方便、可攜性等優點，但是有些重要的東西卻遺失了，這些東西是：傳統（tradition）、感官經驗（a sensual experience）、舒適（the comfort of thing-ness）、以及一些人性（a little bit of humanity）（Kidd, 2012）。但即使如此，行動閱讀還是讓很多人趨之若鶩，很多學校甚至鼓勵學生用平板電腦取代紙本教科書。如：位於德州的艾柏林基督大學（Abilene Christian University）調查學生攜帶 iPad 來取代課本的意願，有 75% 的學生表示，只要有一半以上的課本在 iPad 上可購得到，他們就會買 iPad 來取代課本。

2011 年 9 月起，麻州靠近波士頓的柏林頓中學（Burlington High School），從這學期開始，學生也能領到一臺 iPad，裡面都裝設了電子教科書和其他線上資源。該校還成立了一個學生特別支援小組，協助近一千名學生適應這個新電子設備。2011 年 8 月的新學期開始，美國田納西州的一間私立綜合完全中學——偉伯中學（Webb School of Knoxville），將把 iPad 引入學校教學，而且是全面性的置入，新學期開始後從 4 年級到 12 年級的所有的學生，都將「必備」一臺 iPad，學生可以自己買，學校也可以租給學生，一年 200 塊美金。

陸、臺灣的行動閱讀現況

在臺灣，大家也不斷強調平板電腦及電子書的衝擊，但到底行

動閱讀被大眾接受的程度如何，我們曾經就此分別對兒童及成人有較深入的研究，茲分享如下。

一、兒童電子書閱讀實驗

2011年9月起，我們選擇臺灣北部3所小學，每所學校選1個班級，共68位學生，每人提供明基電通（BenQ）公司之彩色平板電腦（R70）1臺，並挑選適合兒童閱讀的120本電子書，預先載入平板電腦中，讓兒童選閱，以探討兒童使用電子書閱讀器閱讀電子書，是否可以提升兒童的閱讀興趣，並在老師的教學指導下，是否可以有效的提升兒童的閱讀理解力及識字量。

經過10週的閱讀，我們發現學童喜歡用平板電腦看電子書，此外學童的識字量及閱讀理解力都有提升，表示學童以平板電腦閱讀電子書，有不錯的學習效果。但研究也發現，學童電腦能力高低對學童在閱讀電子書後的識字成效有顯著差異，但在閱讀理解成效上則不顯著。

其中電腦能力較低的學童，其識字成效大於電腦能力高者；電腦能力較高的學童，其識字成效低於電腦能力低者。這樣的結果有兩種可能性，其一，電子書閱讀確實提高了兒童的閱讀興趣，進而使得原來電腦能力較低者，透過閱讀增加其識字量；此外，本研究所提供的彩色平板電腦，學童可以無線上網，並可經由藍芽與USB傳輸資料，參與本實驗的兒童在實驗期間除了閱讀電子書外，也可使用平板電腦的各種功能。

前人研究指出：當學習者對電腦軟硬體的使用經驗愈豐富、電腦使用效能愈高，其學習使用電腦的意圖亦愈強烈。所以當學童電腦能力愈高，對平板電腦的功能探索愈積極時，其在電子書閱讀所花費的時間與心力可能相對減少，故其識字成效反而沒有電腦能力

低者來得好。然而,電腦能力的高低對於閱讀理解力成效則沒有產生顯著影響,這也說明理解是比較深度的能力,電腦能力高低不會對閱讀深度有影響。經過事後的深入訪談,證實多數的男童,除了閱讀電子書外,會利用平板電腦上網玩遊戲,而女生則會一邊看書一邊聽音樂。

二、成人電子書閱讀行為調查

為瞭解成人使用電子書閱讀器閱讀行為,我們曾於 2011 年 5 月以深度訪談法對電子書相關產業從業人士、大學教職員與大學程度以上學生等 3 種人進行訪談,每類訪談 8 人,共計 24 人。

訪談結果顯示,在紙本與電子版本的選擇因素方面,業界人士的考量主要為書籍的內容,而不會執著於特定的書籍形式;教職員考慮的因素則為:書籍的內容、價格與付費機制等;學生多數也以書籍內容決定選擇何種形式的書籍。

這個結果正如同電影一樣,雖然很多人不上電影院,但根據調查,大家還是喜歡看好電影,只是電影院失去了它的魅力。同樣的,愛看書的人愛的是書的內容,而不是先選擇形式,好書還是會受到歡迎。

在閱讀器方面,業界人士多數表示 iPad 的品質穩定、影像品質最優,且操作介面人性化,他們在閱讀時使用的軟體功能主要為搜尋與書籤;但亦有兩位受訪者表示,目前閱讀器發展尚未成熟,所以他們沒有購買閱讀器;而教職員認為閱讀器是介於以筆記型電腦工作及以智慧型手機通訊之間的閱讀工具,最常使用的電子書功能為書籤,而多數教職員對於目前可取得之電子書的內容並不滿意,所以尚未有付費購買電子書的動機;學生受訪者對於電子書閱讀器

觀感為便利的操作性、可攜性與品牌的認同,且除一位學生受訪者會為了課業需求付費下載電子書外,其餘皆未有購買電子書之意願,考慮的因素為內容、價格與付費機制,訪談結果整理如表1(陳昭珍,2011)。

表1　成人電子書閱讀行為訪談結果

受訪者類型	紙本／電子版本資料取捨之原因(可複選,占該類受訪者百分比)	是否有付費購買電子書(占該類受訪者百分比)	閱讀電子書時使用之功能(可複選,占該類受訪者百分比)	除電子書閱讀器外,其他閱讀電子書的工具(可複選,占該類受訪者百分比)
電子書業界人士	視書籍內容、類型而決定(100%)	付費購買(12.5%)閱讀免費電子書(87.5%)	搜尋(50%)標註(12.5%)書籤(37.5%)	桌上型電腦(50%)筆記型電腦(37.5%)手機(12.5%)
大學教職員	視書籍內容、類型而決定(100%)功能與加值服務(37.5%)價格(37.5%)	付費購買(37.5%)閱讀免費電子書(62.5%)	朗讀(25%)字典(25%)書籤(75%)目錄(12.5%)其他(12.5%)	桌上型電腦(100%)筆記型電腦(100%)
大學以上學生	視書籍內容、類型而決定(100%)	付費購買(12.5%)閱讀免費電子書(87.5%)	搜尋(25%)標註(37.5%)書籤(37.5%)	桌上型電腦(12.5%)筆記型電腦(37.5%)

三、大學圖書館的平板電腦出借服務

2011年6月起,國立臺灣師範大學,為提供使用者有關行動式電子書的體驗,率先採購了21臺平板電腦,分別為:iPad,V-Pad,E-Pad共3種型號的電子書閱讀器,並bundle了330種電子書在閱讀器中,讓讀者借用閱讀器,每次借期兩週。推出以來,使用者對於電子書閱讀器借閱情況相當熱烈,在短短的一個月內,閱讀器的

借閱人次超過 50 次；我們也進行簡單的電話訪談，以瞭解學生使用閱讀器及閱讀電子書的情況。

調查發現：學生借用閱讀器主要拿來閱讀電子書及上網、大多數的讀者每次至少閱讀 1 小時、閱讀的電子書主題主要為文學小說、語言學習、休閒娛樂等，三種品牌閱讀器中認為 iPad 較優、會利用閱讀軟體的下載、翻頁、及書籤功能。此外，學生也希望圖書館可以採購更多的電子書及閱讀器（陳昭珍，2011）。目前國內有更多的大學圖書館跟進這項服務，這其實和平板電腦在臺灣的普及性不如歐美國家有關，對臺灣學生而言，平板電腦仍是昂貴的奢侈品。

柒、數位雲端時代對出版帶來的新機會與前景
一、資訊科技對教育環境的衝擊

在數位科技的驅動下，網路資訊越來越多且易於取用，人們期望可在任何地方、任何時間，行動式的工作、學習、研究；全球性的合作越來越多，雲端科技也越來越重要，這些發展更加速資訊使用需求與習慣的改變。根據 The New Media Consortium *2011 Horizon Report* 指出，依時間先後，在教育環境中會被普遍應用的數位科技主要如下（Johnson, Smith, Willis, Levine, & Haywood, 2011）：

（一）在 12 個月內會普及的科技是電子書及行動載具。

（二）在 2～3 年內會普及的科技是擴增實境（augmented reality）及遊戲式學習（game-based learning）。

（三）在 4～5 年內會普及的科技是手勢運算或稱互動影像計算（gesture-based computing）及學習分析（learning analytics）。

在此浪潮下，數位科技對每一領域及專業而言，皆為重要且關

鍵的技能,所有的師生都會面對多元且快速發展之資訊、軟體、工具、載具的挑戰,而電子書與行動載具是教育環境首先會面臨的新媒體,電子書更蓬勃的發展也指日可待。

二、紙本書籍出版的未來

人類歷史上曾有各種書籍形式,包括紙莎草、泥版、羊皮書、簡牘、卷軸、刻板等等,如今這些都不見了,那麼電子書是否會取代紙本書?後代人看我們現在的紙本書,是否和我們現在看前朝用線裝書的感覺一樣?也有人說 80 年代早已預言無紙社會的來臨,但事實上,我們今日所用的紙比 80 年代多太多了,所以紙本當然也不會消失。

前大英百科全書 CEO Joseph J. Esposito 認為:紙本書的未來是複雜的,他說首先不要錯誤的認為,只要還有人想要紙本書,它就會一直存在。雖然社會運作的道理是:「只要銷售還能賺錢,這門生意就會有人做」。但他說:你目前正看到一種情況,即紙本書採購消失了,因為賺不到錢,雖然總銷售仍穩固,但獨立書店關門了。賣書給圖書館的公司正緊縮中,你能買到書的地方減少了。即使你比較喜歡紙本書,但他認為,從顧客市場而言,大部分的庫存書(backlist)將會轉為電子書,不會有足夠的書店庫存所有的 Backlist。但只要有書店繼續運作,就會有新書繼續印刷出版。在學術市場,他認為電子書的長久典藏 Reservation 是一個大問題,目前有兩個機構,Project MUSE 和 JSTORE,承諾要做圖書館典藏(book preservation),2012 年對圖書館電子書的長久典藏將是一個找到解決方案的重要的年代。

也有人認為紙本書不會那麼快消失,因為閱讀電子書需要電腦

或閱讀器,但在開發中國家,無法人人有一臺電腦或閱讀器。其次,經過幾千年的演化,紙本書已進化到好拿好讀的最佳狀態,如果電子書閱讀器要成功,它必須改良到人體──特別對人的手及眼睛──最感舒適的程度。

古代的泥版及卷軸都不可能在床上捲著看,同樣的,電腦也不行,雖然在線上讀報紙及雜誌還可以接受,但用電腦讀小說是絕對不可行的,平板電腦筆者勉強可以接受,但還是沒有拿著書閱讀舒服,雖然平板電腦一次可以裝很多書,但好書筆者一次只能看一本。再者,紙本印刷美學是電子書遠遠比不上的,電子書或許可以插入圖片、影片、動畫的編輯,但無論如何,其外殼仍為塑膠,不像紙本書可以有美麗的書衣、封面、及大小不同的版式。當然,還有很重要的一點是,紙本書讓你真正擁有一本書的感覺。

如果紙本出版真的減少了,有人認為,按需印刷(print-on-demand, POD)會讓紙本書繼續存在,POD 就好像 Espresso Book Machine,你餵這臺機器數位檔,幾分鐘後他就給你一本好看的平裝紙本書,美國的 Lulu 或 Blurb 等 POD 公司甚至可以按需印刷生產出精裝書及圖畫書。Blurb 的創辦人 Eileen Gittens 稱之 POD 為社會性出版(social publishing)。也有人認為會有越來越多的紙本書由作者 DIY,筆者想這樣的書應該是藝術作品,而不只是一本單純的書,主要在於收藏,而非印刷書籍原來以知識傳播而發行為目的。

捌、結語

總而言之,各種改變都有可能,認為電子書會取代紙本書,或認為紙本書仍然會存在的論點都有,也都言之有理。但也可以看出,電子書的發展在西文市場確實銳不可擋,以臺灣的學術市場為例,

由於採購速度快、使用不受時空限制、不需實體典藏空間，所以各大圖書館的西文書已逐漸以採購電子書為主。中文市場和西文市場的發展速度則大不同，閱讀器不普及、內容選擇性不多、臺灣的市場不大、閱讀及買書的風氣尚待提升等因素，因此，電子書的發展難以伸展。

　　讀者的喜好也是一個因素，筆者相信閱讀器會越來越好，越來越便宜；電子書也會越來越多，因為就傳輸、典藏、販售而言，電子書都較紙本便利。然而就筆者個人而言，有些書，基於對紙本書的情感、基於紙本書的美感及閱讀的舒適性，筆者還是會買紙本，至少，遇到作者筆者還可以請他簽名。但是，若為功能性或學術性書籍，筆者會選擇電子書，因為查詢及取用都方便。

　　這種對紙本書的原鄉情感會傳到哪一代，端看電子載體、電子書數量及編輯技術進步到大家覺得紙本遠遠不如，以及紙本出版的成本高於電子書太多的時候，重要的是，這樣的時代是被創造的，而臺灣的出版界也不能避免於這股浪潮中。

參考書目

陳昭珍（2011）。《行動閱讀器及電子書閱讀行為調查研究》。技術報告。

謝柏暉譯（2012），Roger Chartier 著。《書籍的秩序：歐洲的讀者、作者與圖書館（14-18 世紀）》。臺北，臺灣：聯經。

Couts, A. (2011). *Amazon debuts Kindle e-book library borrowing service*. Retrieved from http://www.digitaltrends.com/gadgets/amazon-debuts-kindle-e-book-library-borrowing-service/

Herther, N. K. (2012). Ebooks Herald the future of 21st-Century. *Searcher: The Magazine for Database Professionals, 20*(2), 13-23.

Hyatt, M. (2011). *Six e-book trends to watch in 2011*. Retrieved from http://michaelhyatt.com/six-e-book-trends-to-watch-in-2011.html?isalt=0

Johnson, L., Smith, R., Willis, H., Levine, A., & Haywood, K. (2011). *The 2011 Horizon Report*. Austin, TX: The New Media Consortium.

Kidd, C. (2012). *Designing books is no laughing matter. OK, it is*. Retrieved from http://www.ted.com/talks/chip_kidd_designing_books_is_no_laughing_matter_ok_it_is.html

Library Ideas. (n.d.). *Benefits of the service*. Retrieved from http://www.libraryideas.com/freading.html

Parrott, S. F. (2011). *eBook trends to watch for in 2011: Are eBooks coming of age?* Retrieved from http://www.unrulyguides.com/2011/01/ebook-trends-to-watch-for-in-2011/#axzz1ExsTZYWZ

Rivera, J. (2010). *Predictions for 2011 from Smashwords founder*. Retrieved from http://www.mediabistro.com/galleycat/publishing-predictions-for-2011-from-smashwords_b18421

Ruppel, P. (2010). *5 e-Book trends that will change the future of publishing*. Retrieved from http://mashable.com/2010/12/27/e-book-publishing-trends/

藉風土特殊性建置美感教育在地網絡
——以花蓮壽豐鄉豐田聚落為例

余慧君

國立東華大學藝術創意產業學系助理教授

摘要

　　隨著產業替代或移轉,許多過去因為風土條件而風光一時的地方產業,逐漸沒落或消失。如何將沒落的地方產業,轉化為重要的產業文化資產,並以之作為在地風土美感的載體,活化為地方的美感教育在地網絡?本論文將以花蓮縣壽豐鄉豐田日本移民村與豐田玉產業進行個案分析,探討美感教育與在地風土結合的可能模式,使「美的感受力、想像力、創造力」藉由環境空間感與歷史時間感,具體實踐於生活各層面中。如果參觀國家級博物館或音樂廳是美感教育的重要實踐方式之一,那麼,在缺乏博物館音樂廳資源的非都會區,利用在地既有風土特殊性,將「人、時間、空間」的地方存在感,轉化為在地的故宮博物院,以發揮同等的美感教育價值。

關鍵詞:豐田、風土、美感教育、移民村、臺灣玉

壹、緒論

2014年起,教育部開始執行「美感教育中長程計畫」的第一期五年計畫,將撥款近42億臺幣的計畫經費執行「臺灣・好美～美感從幼起、美力終身學」的美感教育計畫。此中長程計畫的具體執行方式,包括以下7項亮點政策:「美感教育從幼起」、「美力終身學習」、「藝術青年散播美感種子」、「教師與教育行政人員美感素養提升」、「厚植美感教育研究發展實力」、「美感教育點線面」、「適性揚才全人發展」等(國立臺灣藝術教育館,2013)。而此五年計畫在立法院進行專案報告與備詢時,曾擔任桃園縣文化局長的現任立委陳學聖,建議教育部必須加強與民間單位合作的密度與強度,並且「達到三項指標,包括國中畢業前學會一項樂器、至國家級的博物館或美術館看一次展覽,以及到國家劇院或音樂廳看一次表演。」(Youtube, 2014)立委建議教育部長的三項執行指標,經新聞披露之後,引起網路社群的眾多討論,例如長期觀察臺灣教育議題的作家謝宇程(2014)認為「如果說,臺灣學生缺乏美感素養,問題很可能不是出在參觀故宮、聽音樂會太少。而是他們誤以為美感只該存在故宮、只可能出現在音樂會裡。」

事實上,教育部在其計畫書中,的確提到美感教育必須超越學校教育範疇,進行點線面的社會教育資源串聯,「以美的感受力、想像力、創造力與實踐力為經,以家庭、學校、社區、社會為緯,實踐於生活各層面」,加強與民間合作推動美感教育,且不框限在博物館或音樂廳裡,善用各個社區既存的美感創意資源。如果,美感不只是點狀式的存在於國家級博物館或音樂廳裡,而應該「實踐於生活各層面中」,那麼,美感教育的實踐場域就必須星羅棋布,並且跨越城鄉與社會階級差距,建構美感教育創新系統的在地網

絡,使美感知識的創造、流通與應用,能落實在生活各層面中,達成教育部所期待的終身學習模式。而建置星羅棋布的美感教育在地網絡,在城市或許並非難事,因為專業創意人才聚集,加上既有的軟硬體建設,足以形成密集的美感教育實踐基地。但是在硬體資源相對不足、專業創意人才缺乏、但文化多樣性卻豐富的偏鄉社區,則可以善用地方既有的「風土特殊性」,以「人、事、時、地、物」等地方風土的乘載體為媒介,建構美感教育的在地網絡。

本文所討論的「風土」概念,是由20世紀初期日本哲學家和辻哲郎(1935)(Watsuji Tetsuro, 1889-1960)在《風土:人間學的考察》一書中提出的,以「人、環境空間、歷史時間」三者的相即不離,作為人間文化樣態的發展動力與文化主體性之所在。和辻哲郎並且在該書中的第四章〈藝術的風土性格〉中,特別討論不同的自然風土條件,如何影響藝術風格表現,因為創作者的想像力勢必體現地方風土的特殊性,形成與地方風土相即不離的特有美感經驗。與和辻哲郎同時代的日本美學家柳宗悅(Yanagi Muneyoshi, 1889-1961),則異曲同工的提出「民藝運動」,從日本各地民間匠師手作的日常生活用品出發,建構出反都會化、反機械化的東洋獨特美學與藝術品味。

不管是和辻哲郎的「風土」概念,或柳宗悅的「民藝」運動實踐,基本上都是為了建構具主體性、差異化的地方美感論述。如果創作者的想像力並非天馬行空,而是與其所在的風土緊密結合,那麼,風土便是巨量的「美感資訊」(aesthetic data),能讓創作者透過主觀經驗與客觀觀察之後,自由揀選應用,轉化成新的美感經驗,產生美感價值。因此,深入理解地方的歷史時間感與風土空間感,建置完整的「風土美感教育」在地網絡,是博物館音樂廳之外,創新美感價值生產機制的另一選擇。

事實上,「風土特殊性」不僅提供美感資訊,也是地方產業存在的基礎,是「地方產業文化資產」的一環,並且是地方產業的競爭力核心。例如,新竹縣新埔鎮的河谷丘陵地形極適合柿樹生長,伴隨當地秋天強勁的九降風和足夠的日曬,柿子除了以新鮮水果產銷之外,可以製成可長期銷售的柿餅,形成特有的柿餅產業;而柿餅生產過程中剩餘的大量柿皮,則成為柿染的原料,扶植了當地的柿染產業,並與設計師結合,成為近年來新興的植物染工藝品牌。因此,新埔的柿產業,從柿樹、柿子、柿餅、柿染,從農業到染織工藝,形成一個完整的地方產業鏈,而這個產業鏈與新埔的風土條件緊密結合,難以輕易複製到他處。

在當前臺灣的文創產業發展中,風土美感教育可以作為文化經濟價值的基底,因為在全球化經濟脈絡下,帶有主體性與差異化的地方美感論述,是利基市場(niche market)得以持續發展的動力。例如,自 2003 年起,每年夏天在美國新墨西哥州聖塔飛 Santa Fe 舉辦的 International Folk Art Market,是目前全世界最大規模的手作工藝市場[1]。這個市場之所以能持續擴張,使得不同風土脈絡下發展出來的工藝技術轉化為市場經濟價值,乃奠基於風土美感的永續傳承,並透過藝術市集得以傳播擴散。而近年來伴隨著體驗經濟而興盛的「創意旅行」(creative tourism),提供外來者以參與製作(創作)的方式體驗在地風土美感(Richards, 2011)。不管是手作工藝市場或創意旅行,都是把在地風土,轉化成「風土資本」,在創意經濟價值生產鏈中,運轉出更大的產值(陳育平,2011)。

然而,隨著產業替代或移轉,許多過去因為風土條件而風光一

---

[1] 關於 International Folk Art Market 的發展歷程,見其官網 http://www.folkartalliance.org/mission/history-partners/。

時的地方產業，逐漸沒落或消失。如何將沒落的地方產業，轉化為重要的產業文化資產，並以之作為在地風土美感的載體，活化為地方的美感教育在地網絡？本論文將以花蓮縣壽豐鄉豐田日本移民村與豐田玉產業進行個案分析，探討美感教育與在地風土結合的可能模式，使「美的感受力、想像力、創造力」藉由環境空間感與歷史時間感，具體實踐於生活各層面中。如果參觀國家級博物館或音樂廳是美感教育的重要實踐方式之一，那麼，在缺乏博物館音樂廳資源的非都會區，利用在地既有風土特殊性，將「人、時間、空間」的地方存在感，轉化為在地的故宮博物院，以發揮同等的美感教育價值。本研究將以「具文化主體性的風土特殊性」為核心基礎，探討地方知識的深度描述，蘊含知識、情感與記憶的文化資產美學，工業遺址的文化再生，以及舊材質之新意義等四個問題面向，探討永續的美感教育在地網絡。

貳、豐田：坐擁寶山的沒落移民村

位於花蓮縣壽豐鄉的豐田，因其風土特殊性而形成的重要文化資產有二，一是日本時代留下來的日本移民村；另一個是曾經風光一時的豐田玉產業。前者留下殖民者欲落地生根以他鄉為故鄉的完整日式聚落規劃，許多日式建築雖已頹圮，但聚落整體規劃仍保持井然有序的移民村風貌；後者則留下了從採礦、玉石加工、雕刻、行銷等完整的產業鏈，此產業鏈雖已式微，但每個產業環節，仍能循著過去的產業結構，一一拼湊出來。

從蘭陽平原南下進入清水斷崖之後，花東文化地景上最重要的特徵，是中央山脈與海岸山脈的夾峙，以及在造山運動過程中產生的特殊地質環境，經過高溫高壓之後焠鍊出各式各樣的寶石，大

量「浮現」在花東居民日常生活細節裡。大型平板車載著以噸計的大理石塊，準備送到切割廠加工；颱風過後，在溪流河床上搜尋各類寶石的獵石者；或者，公路兩邊眾多觀光名產店的「臺灣玉」、「玫瑰石」招牌等等，說明「石頭」在花東人的集體記憶裡，占有絕對重量級的位置（蔡明庭，2010）。而在眾多種類的礦石中，存在於花蓮縣壽豐鄉豐田地區原荖腦山的墨綠色「閃玉」（nephritic jade），雖然不是最璀璨的寶石，卻是在語言與音樂之外，見證臺灣與南島文化歷史緊密鏈結最重要的證物之一。

在歷史上，豐田的閃玉礦石及其加工品，曾經兩度成為最具產業競爭力的跨區域／跨國際之貴重原料與工藝產品。

第一次豐田玉產業興盛期是距今4,500年至2,000年左右的臺灣新石器時代，原荖腦山的玉礦可能隨著颱風、山崩等自然力量而沖刷至溪谷河床上，為史前居民慧眼撿拾，並在平林遺址的玉作坊裡，加工琢磨，製成耳飾、項飾、臂飾等，並「外銷」到菲律賓群島上的其它南島族群部落（洪曉純，2006）。這延續了近2,500年的玉器生產與交換機制，具體說明臺灣史前物質文明裡，經過長期琢磨而累積的原初豐裕社會之文化特質（臧振華、葉美珍，2005）。

豐田地區在成為近現代移民聚落之前，在距今5,000年至2,000年這一段相當長的時期，是東臺灣大坌坑文化與花崗山文化史前人類採集或狩獵的範圍（葉美珍，2001；劉益昌，2000）。雖然目前考古學家尚未在豐田地區發現遺址，然而在鄰近的西林與月眉一帶，都有考古遺址出土，留下製玉遺跡與玉作坊（尹意智，2008；蕭輔宙，2005）。這一段延續了長達3,000年之久的史前文化消失之後，成為當代考古學的文化遺跡，學者們藉此遺跡建構臺灣史前歷史論述。雖然這些遺跡或論述的物質基礎，與當代豐田玉的物質

性息息相關，但是目前大部分豐田居民集體記憶中的豐田玉，卻與臺灣史前文化無關。正如筆者進行訪談時，一位報導人所言：「我們忙著照顧現在的生活，那些很久以前的（考古知識）沒什麼用。」也就是說，豐田地區的史前文化僅存在於考古學家的專業論述中，放不進當前豐田居民的集體記憶與日常生活脈絡裡。

第二次豐田玉產業興盛期則是1965年至1979年之間，臺灣產業尚處於家庭代工時期，「豐田玉」（亦稱「臺灣玉」）[2]已成為外銷歐、美、日本的重要高單位經濟價值物產，並獨占當時全球的軟玉市場。

然而，這最後一波豐田玉產業，榮景如曇花一現，僅短短14年左右。目前可見的一般論述中，將豐田礦區停止開採、玉加工產業快速興起又消失的原因，歸為以下三大原因。一是70年代的全球石油危機，使得加工成本倍增；二是礦工為增加採礦量，以炸藥等不擇手段的方式，破壞礦脈；三是國際市場上，較為便宜的加拿大閃玉等加入貿易競爭（張育銓，2012）。這樣的論述，應該是基於豐田鄉民們實際的生活經驗，亦即當年親身感受到的「產業威脅」。

豐田鄉民們親身感受到的「產業威脅」，其實有更深層的歷史與文化因素。就歷史因素而言，1970年代臺灣仍處在且戰且走的「反攻大陸時期」，人們與腳下這塊土地的聯結僅止於生產的表層土壤，或者，無所不用其極的強取資源，用炸藥努力往山裡深處開挖高價玉礦，用不到二十年的時間，成功的摧毀礦脈，榨乾臺灣原住民過去在河裡採集了2,500年都還拾不完的珍貴玉礦藏（張育銓，

2　近年來，過去市場上的「豐田玉」商品，逐漸以「臺灣玉」名之。在本文中，「豐田玉」與「臺灣玉」交替使用，都是指以花蓮縣壽豐鄉豐田地區原荖腦山的墨綠色閃玉礦石製成之工藝品。

2011）。就文化因素而言，當年豐田的「玉石產業」，是嫁接在代工外銷的「客廳即工廠」產業論述之上，是礦產加工業，而不是框架在「玉文化論述」之上的「工藝」文化傳統。

有「小九份」之稱的豐田村，其聚落的最初形成，與採礦毫無關係。在 20 世紀以前，此地一直是阿美族與太魯閣族的狩獵場與游耕地。直至 1910 年代，日本移民進駐之後，才正式形成聚落。日本殖民政府在此精心規劃日本移民村，命名為「豐田」，提供願意移居至臺灣開墾的日本農民進駐（黃蘭翔，1996）。而同時，也有越來越多的漢人，特別是客家人，從臺灣西部移居東部，並成為此地日本農民的佃戶。日本人離開之後，留下的漢人便繼承了既有的房舍農田與聚落規劃，成為當前豐田地區目前最主要的族群（張育銓，2012）。也就是說，豐田是由一波波不同族群的移民經營的聚落。移民們為了能在此安家，或耕種或開礦。不同族群的移民來來去去，留下了豐富的地方記憶與文化遺產。晚到的新移民便要與舊移民的地方記憶框架進行探問與協商，在「宣揚」或「遺忘」的政治角力中，生產並再生產地方歸屬感，重新定義「地方」，並留下新的記憶標示。

從目前既有的學術文獻與筆者田野訪談調查累積的資料中，可以看出目前豐田居民對於 1970 年代「豐田玉」榮景的解讀大致可區分為兩類。

一類是以玉石從業者為主，包括採礦與加工業者，對過去豐田玉榮景採取正面支持立場。這一群人認為「豐田玉」即使榮景不再，然而那段大起大落的產業歷史，是豐田居民的共同記憶，豐田孩子過去玩的彈珠都是玉珠子，每個家戶擁有琢玉設備的比例非常高，許多沒有田產的弱勢家庭因為玉加工業而得以一家溫飽並讓子女接

受更高的教育。而豐田地區擁有琢玉技術的許多職人，在當地玉產業沒落之後，英雄無用武之地，選擇到玉產業興盛的中國蘇州等地，成為「移工」，這些流落在外的豐田人，或許可以藉由豐田玉產業的復興，重回家鄉。

另一類是當地社造／社福團體成員，對過去的豐田玉榮景採取「不主動支持或參與」之立場。其所持的原因，在於玉產業榮景最盛時，豐田社區突然從淳樸山村，搖身變成繁華的「小九份」，榮景又快速褪色，錢潮來得快也去得快，這暴起暴落之間，造成眾多的社會問題，包括為爭奪利益而產生的各類犯罪（如吸毒、鬥毆、盜採等），貧富差距擴大，以及榮景過後居民悵惘所造成的生活壓力等等，這些都對鄉村的社會與文化生態造成相當劇烈的負面沖擊。

而以上兩類解讀豐田玉榮景的在地意見，除了反映居民的職業差異之外，也與豐田居民移入時間的長短差異有關。

玉產業榮景乍升乍落，織就了三代以上世居豐田者共同擁有的記憶。他們寄望透過推動玉文化觀光，使個人記憶與家族記憶得以成為社區集體記憶的一部分。這些過去的礦工或礦區管理者，在豐田仍然只是個礦村的年代，辛苦經營累積，並在榮景過後仍保有一定的經濟實力與社會資源。

相較之下，在玉產業衰落之後才定居豐田的新移民，包括從西部移居豐田者，或是因為婚姻關係而定居豐田的外來「媳婦」等等，擁有的經濟實力與社會資源相對較少。這一批新移民來不及經歷豐田玉產業的榮景，卻參與了榮景消退之後豐田社會支援系統的破產。不過，透過建置社會福利支援系統的社區營造實踐，新移民們逐漸累積社會資本，並在某種程度上巧妙的「繼承」了豐田移民

村之地方歷史，得以與世居此地的在地玉職人抗衡，建構以新移民為主體的豐田地方感，並取得與在地世居者協商之權力，共同規劃豐田作為一個「生活好所在」之發展藍圖。

以目前豐田地區的兩股記憶框架競合過程來看，三代以上世居者選擇以豐田玉作為文化符碼，企圖「重新記起」以豐田為產地中心的史前南島物質文化貿易網絡，即使這個貿易網絡目前仍只存在於考古學論述與博物館典藏裡，因為在豐田地區，考古學家尚未發現任何史前考古遺址。然而，因為「坐擁寶山」，世居豐田者透過想像與論述，以及具體的社會實踐，促使少數幾位過去的玉產業礦主與高階職人，計畫籌建「臺灣玉文化觀光園區」，並企圖回溯5,000年前的史前玉器文化，建構「地方感」與「歷史感」。對於已經有堅實地方認同之世居者而言，「前有古人」使地方認同得以有憑有據的成為歷史記載的一部分，而這部歷史是透過閃玉所串連出來的物質文化史。

「前有古人」，滿足了世居豐田者的歷史延續感與地方中心感，卻是當前新移民在建立地方認同感時必須超越的困境。新移民因此選擇「日本移民村」為文化符碼，於2013年隆重舉辦「開村一百年」慶典活動，以建構「地方中心感」與「歷史感」。新移民選擇了畢竟有百年歷史的「日本移民村」為文化符碼，以反向操作之姿態，紀念並慶祝因為日本人移民拓荒而出現的「豐田村」。雖然在國民政府治臺之後，日本移民村的集體記憶在政治壓力下不便大肆宣揚，然而搭著「建國百年」的順風車，豐田的「開村百年」符碼，在國族認同的縫隙中，為持續進入豐田的新移民，不管是自臺灣西部移居來的漢人，或者近年來透過跨國婚姻而定居豐田的南洋姐妹，展演一個在過去與未來之間的「中介狀況」，一種身體已經「移居」但心理卻還未成功「移入」的新移民狀態。

「移民村」的文化符碼，暗示著新來乍到者必須持有「前無古人」之拓荒精神。透過紀念開村百年的過程，當前豐田的新移民，「扮演」百年前初到臺灣開墾落戶的日本移民；日本移民逐漸使豐田從原野變成聚落，而當前的豐田新移民，要使這個沒落的礦業偏鄉小村，變成社區營造實踐下適合人居的「所在」。但是，百年前那批日本人，雖然篳路藍縷，卻沒有另一群已經擁有堅固地方認同的「世居者」與其爭奪文化資本與社會資本，甚至爭奪定義「豐田」的話語權。而當前豐田的新移民，必須面對已然「固著」於此的世居者，透過持續展演身體在「移居」過程中所經歷的艱辛，重新定義豐田這個「所在」。

　　豐田是非常精彩的社會觀察場域，複雜多元的社會文化與族群紋理，在文化資產整合過程中勢必產生歧見。豐田聚落有榮景有滄桑，有偏鄉人才資源不足的焦慮，亦有傲人的玉物質文化、壯麗的地景、珍貴的自然環境資源，以及日治殖民政府所留下的「移民村」古蹟建築。還有新移民為了實現「使老有所終，壯有所用，幼有所長」的美好社會而毅然決然投入社區營造，為弱勢社區成員建構相互支援的社福系統。亦有世居此地者，看盡豐田玉產業的大起大落後，不忍記憶凋零，努力保留文史資料，並希望建立一個臺灣玉文化的永續經營模式。豐田聚落的魅力正在於文化內涵與社會行動的多樣性，展現「人、環境空間、歷史時間」三者相即不離的風土特性。豐田絕對不缺文化資產，但是，不同的在地社團組織之間，對於經營文化資產的方式，必須產生共識並相互支持。

參、「豐田玉石創新育成研究園區」的可能性

　　豐田玉產業目前雖然規模大幅減縮，但是既有的產業條件，包括礦藏、機具設備、玉石加工技術、鑒定能力、行銷流通等，基本

上仍算完整。因此，部分豐田在地玉石業者，亟欲以展覽與典藏的方式，共同推動「臺灣玉文化觀光園區」。其所構想的文化觀光園區裡，以開採玉礦的歷史為基礎，到豐田聚落玉產業從榮景到蕭條之歷程，以及少數名家玉雕工藝極品，配合豐田既有的自然地景與人文資源，構築「礦業－玉加工業－玉工藝」一氣呵成的開放式文化觀光園區，使參觀者能聯結「豐田玉工藝」與「豐田生活方式」。

「臺灣玉文化觀光園區」的此番構想，雖然尚處於紙上談兵階段，不過目前豐田社區內少數存在的玉加工業主，已經從傳統製造業轉型為體驗經濟的經營方式，帶領遊客至白鮑溪裡撿拾玉石，親自琢玉，然後將作品帶回去留念，完成整套具產地認證並親身手做的文化體驗過程。在此過程中，「產地」不是虛應一應故事的標籤說明，旅客親身參與在產地製作產品的儀式之後，所得到的產品不再是充斥在花蓮市各名產店內形式相仿的「臺灣玉」製品，而是在「豐田」親手製作的「臺灣玉」飾。這樣的觀光實踐，使得過去被稱之為「豐田玉」但現今多稱為「臺灣玉」的飾品，能與豐田聚落互為存在（張育銓，2013）。「豐田」不見得能代表臺灣，但是「臺灣玉」必產自於豐田。以「臺灣玉」為象徵符碼建構的地方感，在某種程度上，使豐田居民暫時得以脫離人口外流嚴重產業蕭條的偏鄉窘境，重拾構築在臺灣玉貿易網絡之上的「世界中心感」。

1970年代豐田玉榮景時期，許多家戶都自購琢玉設備，以客廳即工廠的經營模式，進行玉石代工，製品多為透過固定程序得以多量生產的玉鐲，玉珠，玉水滴型墜子，以及動物造形立體玉雕。作為曾經重要的外銷品，這類玉石加工成品因襲舊有式樣缺乏創意，其商品價值主要源於玉石本身是貴重的礦物，其競爭力來自豐田即是玉礦產地，加上臺灣當時廉價的勞動力，因此，即使缺乏設計感，當時的豐田玉卻還能占領國際市場。然而，隨著勞動力價格大幅上

揚以及在地原料取得越來越不易，豐田玉製品的優勢不再。當年的豐田玉產業，徒有豐富的原料與廣大的國際市場，卻沒有成就個人獨特風格的玉雕創作。豐田玉加工者在當年的生產體系裡，較接近生產過程中重複某一製作環節的「工人」，而非對玉雕工藝從採石、切割、設計、琢磨、拋光等各個製作環節有全方位認知的「匠師」。

　　從文化資產應用的角度來看，豐田的確值得擁有一個「臺灣玉文化觀光園區」，而這個觀光園區若以礦業遺址的主軸概念去設計，只是消極的呈現豐田玉過去的榮枯變化。若要積極提升豐田玉作為文化資產的「未來」價值，讓玉工業真正轉型為玉工藝，使豐田玉能在新式樣設計上占有一定的份量，那麼，除了利用風土條件活化礦業遺址之外，或許應該以目前設在南投草屯的「國立臺灣工藝研究發展中心」為範式，朝「玉石創新育成研究園區」的角度去思考，不只展示豐田的過去，更要培養未來玉雕家，以及能與玉雕家合作的、專擅其它材質之設計師與工藝家，如金工設計師或木雕藝術家等，促成複合媒材創作的可能性，才能賦予豐田玉產業璀璨的未來。

　　豐田玉在沉寂了近40年之後，近兩年因為時尚設計團隊的參與，而再度引起注意。2013年，在花蓮縣文化局石雕博物館，有兩個與豐田玉相關的展覽，而這兩個展覽，在某種程度上，預示了未來豐田玉文化資產的時尚美學走向。一為「時尚臺灣玉見未來」設計展，主要展出內容是金工設計師林淑雅，結合貴金屬與豐田玉所做的當代時尚珠寶設計。另外一個展覽是陳俊良策展的「玉質臺灣」特展，結合玉雕家吳義盛與金工設計師謝旻玲，以「文房」、「寶飾」、「璽宴」等主題，利用臺灣墨玉，一種與豐田玉共生且蘊藏量豐富的墨綠色蛇紋石，製成筆管、時尚珠寶、日用飲食器皿等等（花蓮縣文化局，n.d.）。2014年，國立臺灣博物館舉辦了「惜墨如玉：新品種寶石——臺灣墨玉特展」，除了回顧自史前時期以來

玉石在亞洲與南島文化裡所扮演的特殊角色之外,同時也透過新式樣與新設計,預告臺灣玉石產業必須藉由「設計加值」,重啟市場競爭力(國立臺灣博物館,n.d.)。

　　林淑雅與陳俊良設計團隊所展演的時尚美學,從傳統中找到新意,並轉譯近年來臺灣社會所累積的設計能力與文創企圖。林淑雅的珠寶設計作品,從卑南文化玉器設計中得到靈感,以單純的圓、三角形、方形玉件,搭配大自然動植物造形意象(圖1)。而由陳俊良設計、吳義盛雕琢的飲食器皿,承襲中國傳統漆器與陶瓷器皿造形,轉化成墨玉材質之後,產生令人驚艷的墨綠透光視覺效果(圖2)。

圖1　林淑雅所設計的「時尚臺灣玉見未來」特展海報
資料來源:作者林淑雅授權本文使用。

圖2　「玉質臺灣」特展
資料來源:筆者攝。

圖 3　吳義盛玉雕飾品
資料來源：筆者攝。

不過，以上經由轉化傳統設計而展現當代風格的時尚美學，仍在萌芽階段，因為市場上主流的設計，仍遵循傳統習見的母題樣式，並未形成特出的時尚設計風格。例如，吳義盛個人主要的玉雕創作，仍偏向佛道宗教與民間吉祥象徵母題（圖3），因為這些傳統母題玉雕作品的市場還是相當之大，臺灣各觀光玉市為其主要通路，並得到華人民間信仰系統的完善支持，才得以讓這類作品製作不輟。

不管是傳統宗教母題玉雕，或是轉譯傳統母題而產生的當代都會時尚風格，其國內與國際市場需求基本上是穩定無虞的。但是，真正值得憂慮的是玉雕人才斷層，使得豐田玉礦場的礦原料必須送往中國蘇州，由蘇州玉雕師傅加工琢磨之後，再運回臺灣販售。這樣的國際分工方式，除了源於蘇州自古精緻的工藝製造傳統，以及中國較便宜的勞動力之外，更重要的原因是，玉雕匠師在臺灣目前極度萎縮的玉產業規模裡無法生存。事實上，許多在當年豐田玉榮景時訓練出來的玉雕師傅，已轉往中國發展，投入中國玉產業的人力市場。因此，臺灣玉產業要能永續經營的關鍵，在於設計與創意人才培育，並且開發多元的產業市場，使玉雕不只是傳統工藝品，

更是當代時尚珠寶設計與日常家居風格設計的一環，使培育出來的設計與製作人才，透過群聚效應，共同開發產品、創造產值並拓展市場。

　　致力於玉雕設計與創意人才育成，是挽救豐田玉產業的重要管道之一。當年，豐田玉產業最大的國際競爭對手，是加拿大卑詩省玉城（Jade City, British Columbia）的玉產業。玉城周邊的玉礦，自 1960 年代以來，便大規模的開採，成為國際玉市場中最具競爭力的閃玉之一（Leaming & Hudson, 2005）。此地區開採的玉礦，一部分由加拿大的工藝家製作成玉雕或玉飾，成品則由圍繞在溫哥華城市內及其周邊的藝廊與精品店販售。溫哥華玉雕藝術家社群甚為活躍，由在地玉雕藝術家 Brian Matheson 發起的藝術社群，在 2011 年舉辦了第一屆的「世界玉石交流研討會」（World Jade Symposium），2014 年將舉辦第二屆（World Jade Symposium, n.d.）。研討會上邀請世界各國的玉雕藝術家同場競技，同時邀請玉產業及玉石市場裡的各類專業參與者，包括礦主、玉石加工業者、雕刻家、收藏家等等，共同討論產業與市場的未來。以溫哥華為展售中心的加拿大玉產業，其工藝育成與文創產業發展模式，值得豐田玉產業借鏡，規劃出具有在地性、永續性以及競爭力的願景藍圖。

肆、移民村裡的美感教育在地網絡

　　美感教育的首要步驟，是深化大眾對「美的感受力」，引導出在地居民們對聚落人文景觀的歷史美感，以及自然環境的空間美感。透過人類學式的田野考察以盤點地方的風土特殊性，並將這些風土特殊性經由五感轉化，成為身體的隱微知識（tacit knowledge），利用優秀的技術將這些隱微知識用作品傳達出來，並

藉著社區大眾及外來者共同體驗創作，詮釋出屬於在地的風土藝術史。以豐田這類擁有濃厚風土特殊性的聚落，可結合既有的玉石產業與日本移民村文化景觀，建構有別於主流史觀的、具在地主體性的風土藝術史，並以之作為在地美感的載體，活化地方的美感教育在地網絡，作為地方文創產業的文化根基。而豐田所欲建構的美感教育在地網絡，可參考日本越後妻有大地藝術祭的模式，逐步營造。

　　寧靜的豐田日本移民村，位於花東縱谷北端，地景中包括河谷、平地、丘陵、林地、灌溉用溝渠、稻田、果園、聚落等等，其複合式農村生態系統，符合聯合國《里山倡議國際夥伴關係網絡》（The International Partnership for the Satoyama Initiative）中的里山永續農村社會模式（李光中，2011）。而豐田目前是個以農業為主要生產方式的高齡化偏鄉社區，青壯年人口多數外移，地方社造團體致力於自然資源保育與生態修復，這些社會現況與風土條件，與日本本州中部的越後妻有極為雷同。越後妻有雖然是個偏僻雪鄉，卻是國際知名的大地藝術祭發生地點。

　　由知名策展人北川富朗推動的越後妻有大地藝術祭，每隔三年舉辦一次，2015年將會是第6屆。此藝術祭的核心精神是「以藝術作為路標的里山巡禮」，「里山風土」是藝術祭的最主要展件，而參展藝術家的作品皆成為「點綴在田間、農舍、廢校之間」的背景（張玲玲譯，2014）。歷屆藝術祭留下來超過千件的作品與軟硬體設施，散佈在廣闊的里山地景中，串連成具體的美感教育在地網絡。地方風土與藝術創作，共同生產公共空間，使里山地景成為在地的無牆美術館，引發觀者的風土美感經驗。觀者必須在廣闊大地與聚落之間梭巡，使得藝術不再單純為個人創作的終極價值存在，而是為了「連結人與土地、人與人的關係」而存在。在大地藝術祭中，美感被詮釋為「公共的、連結的、在土地上的、重新被看見」

的精神力量。而目前豐田社區的環境空間與歷史時間之風土條件俱足，有充分的條件藉由大地藝術祭的策展操作，建構美感教育在地網絡。

除了越後妻有大地藝術祭可作為豐田美感教育在地網絡的參考案例之外，加拿大溫哥華市區的 Granville Island，可提供另一面向的參考。應用產業文化資產而形成的體驗經濟，在世界各國已經是行之多年的重要經濟環節，包括因世界遺產而產生的觀光旅遊產業。除了旅遊業之外，環繞各種有形無形文化資產形成的體驗經濟，還包括藝術教育產業，並作為美感終身教育機制的一環。例如，加拿大溫哥華市的 Granville Island，原是一個城市邊緣的林木工業區，在後工業時代，市政府將此工業遺址，活化為「城市文化資產」。自 1970 年以來，在溫哥華市政府的規劃之下，Granville Island 轉型成一個多功能的複合型文創園區，並保留一部分工廠基地作為展現城市歷史記憶的文化資產，整個園區成為溫哥華市民的休閒遊憩勝地，國際旅客的必參觀之地（Berelowitz, 2005）。現在的 Granville Island 裡，除了各式各樣的傳統市集、文創商店、藝廊等銷售據點之外，支撐整個園區最重要的創意動力，來自於完整的美感教育機制（Grandville Island, n.d.）。溫哥華規模最大的藝術學院 Emily Carr University of Art and Design 即位於園區中心，圍繞著藝術學院的還有各式各樣的在地工藝／藝術家個人工坊，提供想要接受短暫體驗或長期學習的各年齡層顧客，在工坊裡實作，進行終身學習。Granville Island 不只是溫哥華市政府歷經四十多年長期規劃的文創園區，也是美感終身教育基地，以創意人才培育的完整機制，作為文創產業持續發展的核心動力，讓美感教育成為文創產業的文化基底，同時讓文創產業成為美感學習成果的具體實踐場域，形成正向回饋。

在臺灣，也有相當多類似Granville Island這樣的廢棄工業遺址。近二十年來，因推動社區總體營造與空間再利用，廢棄工業遺址轉化為文化資產或文創園區的成果稍有斬獲，但是被保留下來的文化資產，成為文創商店街之餘，卻罕見使其成為文化美感教育基地之規劃。原因在於美感教育與文創產業分屬教育部與文化部執掌，在官僚體系各司其職的架構下，使得美感教育和文創產業缺乏綜向與橫向的連結。

臺灣一直處於「失憶」與「重新記起」的狀態裡，一波波的新移民來到臺灣，一波波的舊記憶框架被新記憶框架置換，新記憶框架也可能整合更舊的記憶框架，重新出發，產生複雜多層次的「記憶皺摺」。而在「失憶」與「重新記起」的記憶皺摺之間，提供不同時期的新移民，得以嵌進在地社會網絡與文化脈絡的可能性。而這些多重的記憶皺摺，是美感教育多元性的文化溫床，重點是，我們如何看見記憶皺摺的存在，以及善用其所提供的多元美感經驗，並讓這些經驗，成為「文化創意產業」的文化基礎。除了追求表面的產值之外，必須創造產業文化及文化產業的內涵深化。亦即，臺灣的文化創意產業，必須從滿足象徵性消費的「生活風格」（life style）展演中，落實為「生活方式」（way of life）的具體社會實踐。而豐田社區既有的各類社會實踐，包括社區營造與產業文化資產、文化景觀保存活化的各種努力，透過豐富的對話與策展手段，建置美感教育在地網絡，便能落實成具有包容性與開創性的地方生活方式，成為臺灣文創產業未來的一股活水清流。

參考書目

Apollo Chen（2014）。〈立法委員陳學聖 2014 5 7 質詢影片〉。取自 https://www.youtube.com/watch?v=dZ6zH-5alEM

尹意智（2008）。〈臺灣史前玉器工藝：以平林遺址為例〉。國立臺灣大學人類學研究所碩士論文。

李光中（2011）。〈鄉村地景保育的新思維——里山倡議〉，《臺灣林業》，37(3)，頁 59-64。

花蓮縣文化局（n.d.）。〈2013 文化創意產業發展計畫「文創特展——玉質臺灣」〉。取自 http://www.hccc.gov.tw/Portal/Content.aspx?lang=0&p=003020301&type=1&u=Detail&id=797

洪曉純（2006）。〈臺灣史前玉器在東南亞的分布及其意義〉，中國社會科學院考古研究所（編），《華南及東南亞地區史前考古：紀念甑皮岩遺址發掘 30 周年國際學術研討會論文集》，頁 324-340。北京，中國：文物出版社。

國立臺灣博物館（n.d.）。〈惜墨如玉：新品種寶石——臺灣墨玉特展〉。取自 http://www.ntm.gov.tw/tw/exhibition/exhibition_d.aspx?d=167&no=25

國立臺灣藝術教育館（2013）。〈教育部美感教育中長程計畫——第一期五年計畫（103 年至 107 年）〉。取自 http://www.arte.gov.tw/abo_news.asp?KeyID=318

張育銓（2011）。〈社區營造與社區遺產觀光的競合：花蓮豐田社區的遺產論述〉，《臺灣觀光學報》，8，頁 45-62。

張育銓（2012）。〈遺產做為一種空間識別：花蓮豐田社區的遺產論述〉，《民俗曲藝》，176，頁 193-231。

張育銓（2013）。〈觀光產業與地方發展的多元關係：以臺灣玉為例〉，《育達科大學報》，34，頁 29-42。

張玲玲譯（2014），北川富朗著。《北川富朗大地藝術祭：越後妻有三年展的 10 種創新思維》。臺北，臺灣：遠流。

陳育平（2011）。〈風土條件資本化及風土資本建構創意經濟價值鏈〉。國立政治大學經營管理碩士學程碩士論文。

黃蘭翔（1996）。〈花蓮日本官營移民村初期規劃與農宅建築〉，《臺灣史研究》，3(2)，頁 51-91。

葉美珍（2001）。《花崗山文化之研究》。臺東，臺灣：國立臺灣史前文化博物館。

臧振華、葉美珍（2005）。《館藏卑南遺址玉器圖錄》。臺東，臺灣：國立臺灣史前文化博物館。

劉益昌（2000）。〈臺灣東部麒麟文化初步探討〉，《東臺灣研究》，5，頁71-103。

蔡明庭（2010）。〈石東的社會生命：東臺灣寶玉石的蒐藏、流轉與消費〉。國立臺東大學南島文化研究所碩士論文。

蕭輔宙（2005）。〈花蓮縣壽豐鄉芳寮遺址之試掘〉。國立臺灣大學人類學研究所碩士論文。

謝宇程（2014）。〈美感教育的最佳場所是廁所〉。取自 http://anntw.com/articles/20140512-ydgu

和辻哲郎（1935）。《風土：人間学的考察》。東京，日本：岩波書店。

Berelowitz, L. (2005). *Dream city: Vancouver and the global imagination*. Vancouver, Canada: Douglas & Mclntyre.

Grandville Island. (n.d.). *Island Heritage*. Retrieved from http://granvilleisland.com/discover-island/island-heritage

Leaming, S., & Hudson, R. (2005). *Jade fever: Hunting the stone of heaven*. Surrey, Canada: Heritage House.

Richards, G. (2011). Creativity and tourism: The state of the art. *Annals of Tourism Research*, 38(4), 1225-1253.

World Jade Symposium. (n.d.). *Inspiring our community*. Retrieved from http://www.jadesymposium.com/home.html